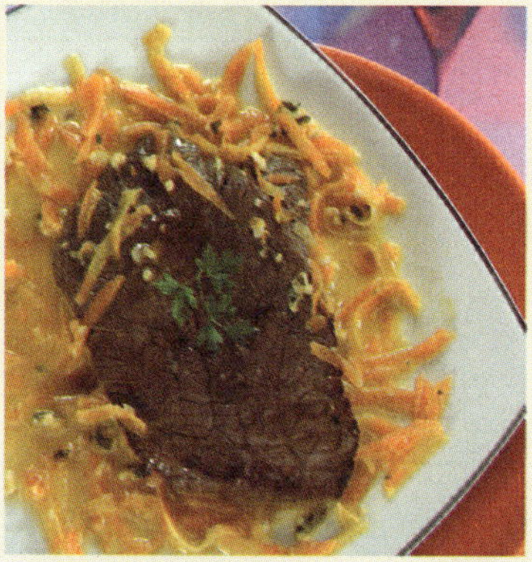
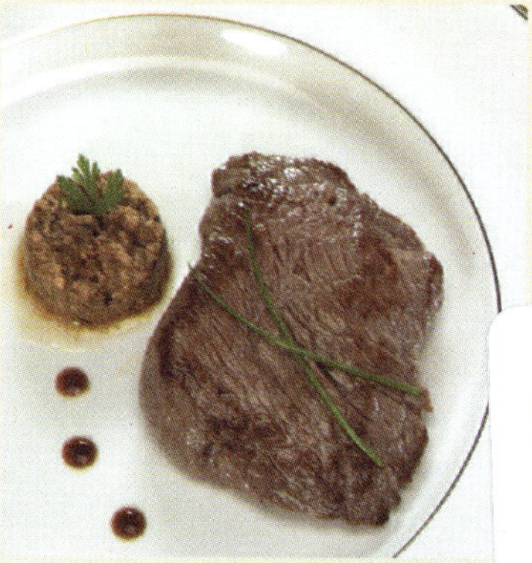

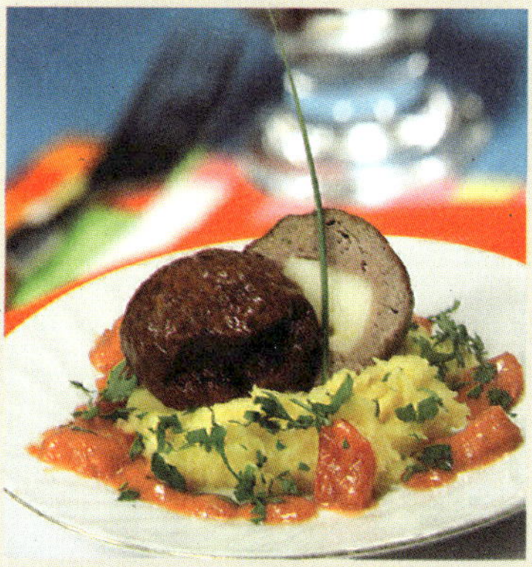
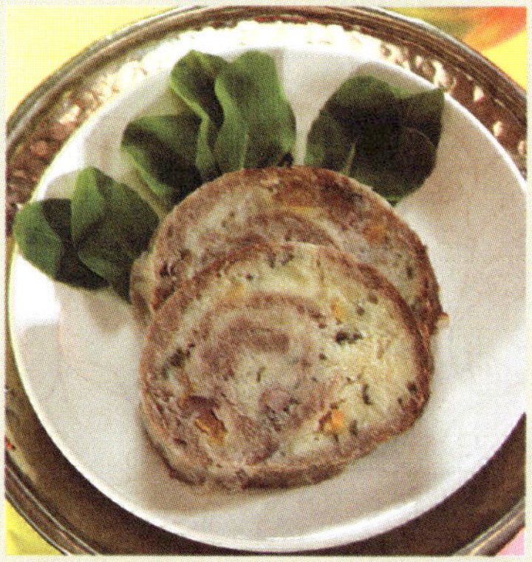
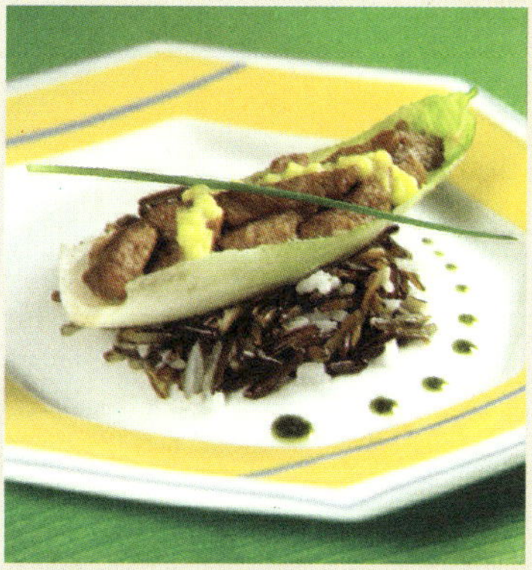
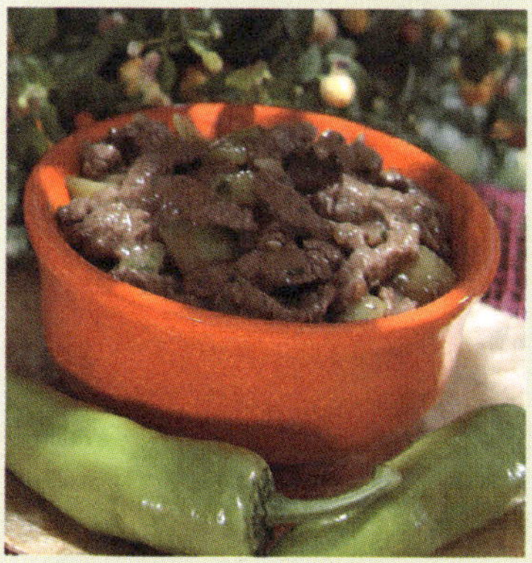
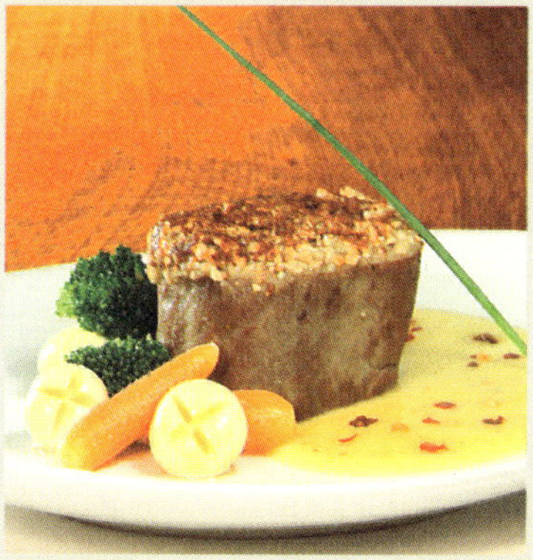
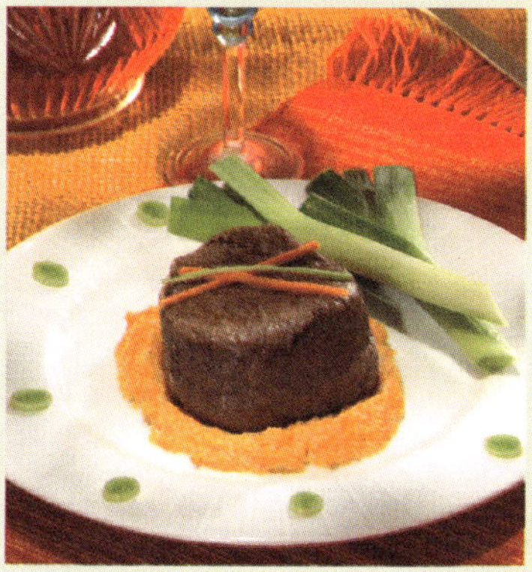

André Boccato

Receitas Saborosas com Carne

índice

Introdução 3
Almôndegas Recheadas 4
Bifes com Gorgonzola 6
Bracciola ao Molho Verde 8
Carne Assada 10
Carne Grelhada com Pimenta-de-Cheiro-do-Norte 12
Carne Xadrez 14
Carpaccio Agridoce 16
Cubos de Filét Mignon com Chutney de Pimenta 18
Escalopes ao Balsâmico 20
Escalopes com Pimenta Verde 22
Escondidinho de Charque 24
Espetinho com Arroz de Carreteiro 26
Filé ao Molho de Hortelã 28
Fraldinha na Brasa 30
Maminha com Ameixa 32
Medalhão ao Molho de Damasco 34
Medalhão com Purê de Cenoura 36
Medalhão com Molho de Cachaça e Purê de Mandioquinha 38
Medalhão com Molho Verde-Amarelo 40
Medalhão de filét Mignon com Crosta de Castanha de Caju 42
Medalhões Flambados 44
Paçoca de Carne 46
Picanha ao Mel 48
Picanha Grelhada com Molho de Maracujá 50
Rocambole de Carne 52
Steak Cítrico 54
Tartar com Coalhada 56
Tiras com Gengibre 58
Tirinhas de Contra Filét com Arroz Selvagem 60
Tournedo ao Chutney de Feno-Grego 62
Cortes de carne bovina 64

Receitas Saborosas com Carne

Muito bem! Você cansou de bife com batata frita. Quem sabe você seja uma marinheiro de primeira viagem pilotando seu novo fogão ou talvez uma experiente dona de casa à procura de novas idéias e praticidade na sua cozinha. É pensando em tudo isso, ou melhor, em vocês que gostam de cozinhar, que trazemos criativas, saborosas e práticas receitas neste novo livro.

Esta coleção inicia-se com este primeiro título e você pode se perguntar porque escolhemos exatamente a carne. A resposta é simples: porque a carne bovina é um dos ingredientes mais apreciados pelo brasileiro e não é à toa que o Brasil é o maior produtor mundial de carne bovina. Além disso, o Brasil é também o maior exportador mundial de carnes, exportando apenas 30 % de nossa produção. A carne, portanto, é a nossa paixão nacional e este pequeno livro uma saborosa contribuição para quem quer se destacar neste ramo. Sobretudo, nutricionalmente falando, a carne é um alimento fundamental e ficar sem ela (que me desculpem os vegetarianos) é um grande risco para a saúde. Mas estamos falando da carne de qualidade, de boa origem e consumida sem excesso, adequadamente, como logicamente você, leitor, deve saber.

Esperamos que este livro, através das receitas cuidadosamente escolhidas, possa trazer a sua família e convidados momentos de prazer e saúde à mesa.

André Boccato

Rendimento: 4 porções | Tempo de Preparo: 50 minutos | Dificuldade: Médio

Almôndegas Recheadas com Queijo Coalho

Ingredientes

Almôndegas
- 1/2 xícara (chá) de miolo de pão
- 1/4 de xícara (chá) de leite quente
- 400 g de alcatra moída
- 1 fatia de bacon picado
- pimenta do reino e sal a gosto
- 1 colher (sopa) de salsa picada
- 1 clara de ovo
- 4 cubos médios de queijo de coalho
- farinha de trigo para empanar
- óleo para fritar

Molho
- 1 lata de tomate pelado picado
- 1/2 xícara (chá) de leite de coco
- 1 tablete de caldo de carne

Purê de Mandioquinha
- 500 g de mandioquinha descascada
- 3 colheres (sopa) de manteiga
- sal e noz moscada a gosto

Modo de Preparo

Carne
Umedeça o pão no leite e junte a alcatra moída, o bacon, a pimenta do reino, o sal, a salsa e a clara. Amasse bem.

Divida a massa em quatro porções, abra-as nas mãos e coloque um cubo do queijo em cada parte. Feche a massa sobre o queijo, formando uma bola e passe pela farinha de trigo. Frite em óleo quente e reserve.

Molho
Coloque todos os ingredientes na panela e leve ao fogo, mexendo de vez em quando, até ficar ligeiramente espesso.

Purê de Mandioquinha
Cozinhe a mandioquinha até quase desmanchar. Passe pelo espremedor de legumes e coloque de volta na panela. Deixe em fogo baixo e misture a manteiga, o sal e a noz moscada.

Montagem
Em um prato coloque uma porção de molho e uma almôndega recheada. Disponha uma porção de purê de mandioquinha e sirva a seguir.

Dica: Se você não encontrar o queijo de coalho, pode utilizar mussarela ou mesmo queijo prato para preparar essa receita.

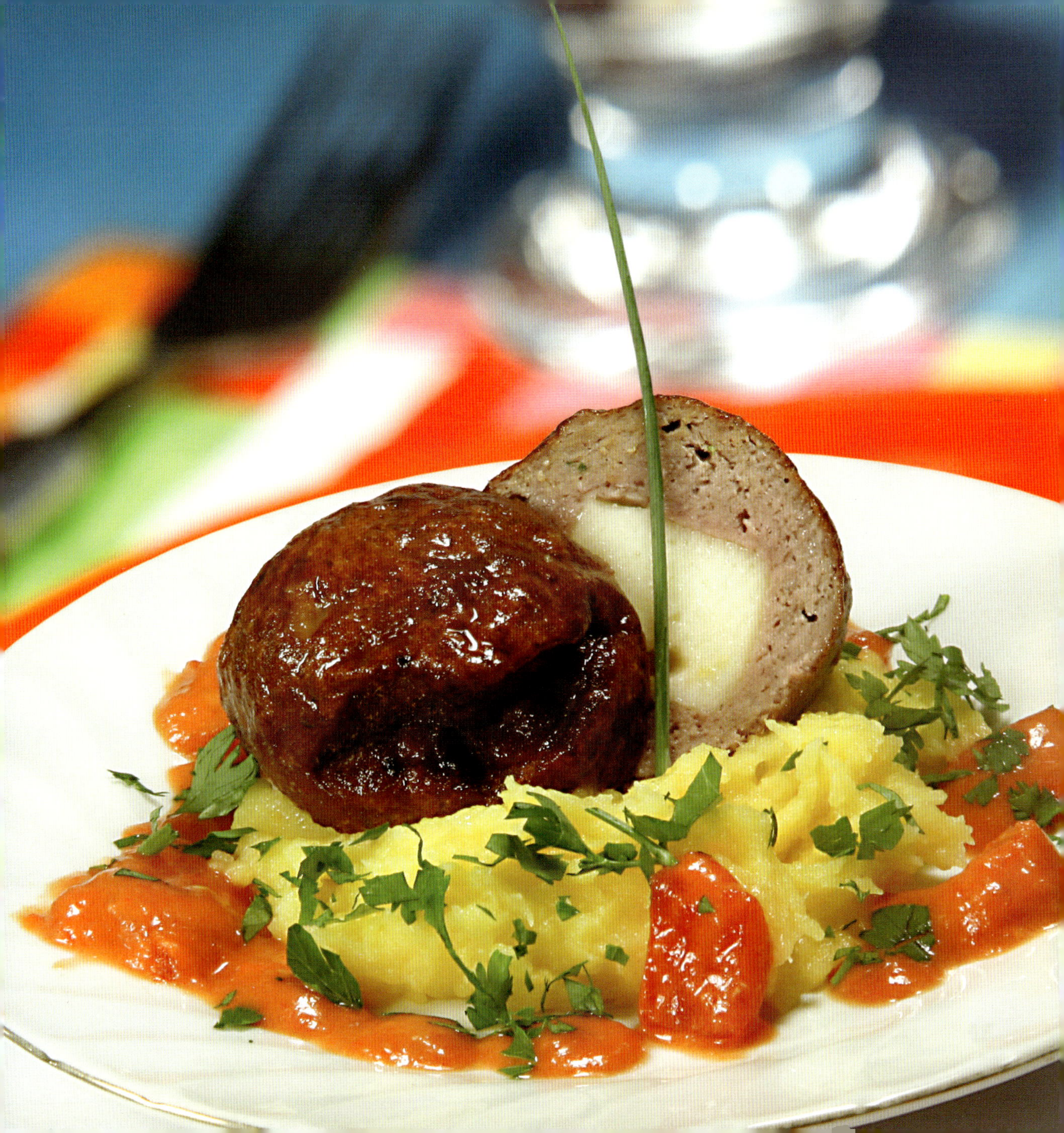

Rendimento: 4 porções | Tempo de Preparo: 40 minutos | Dificuldade: Fácil

Bifes com Gorgonzola e Cenoura

Ingredientes

4 bifes de alcatra limpos
1 colher (chá) de sal
1 pitada de pimenta síria
1 colher (sopa) de molho de soja
2 colheres (sopa) de margarina
1 dente de alho picado
1 cenoura pequena ralada
1/4 de xícara (chá) de vinho branco seco
1 pote de iogurte (250 ml)
2 colheres (sopa) de gorgonzola esmigalhada
1 colher (sopa) de salsa picada

Modo de Preparo

Tempere os bifes com o sal, a pimenta síria e o molho de soja. Reserve.

Em uma panela derreta uma colher (sopa) de margarina e doure o alho.

Junte a cenoura ralada e refogue por 3 minutos. Acrescente o restante dos ingredientes mexendo de vez em quando, até reduzir pela metade.

Em outra panela derreta a outra metade da margarina e frite os bifes. Junte o molho de gorgonzola e sirva a seguir.

Dica: O queijo gorgonzola pode ser substituído por qualquer outro queijo de mofo azul na mesma quantidade.

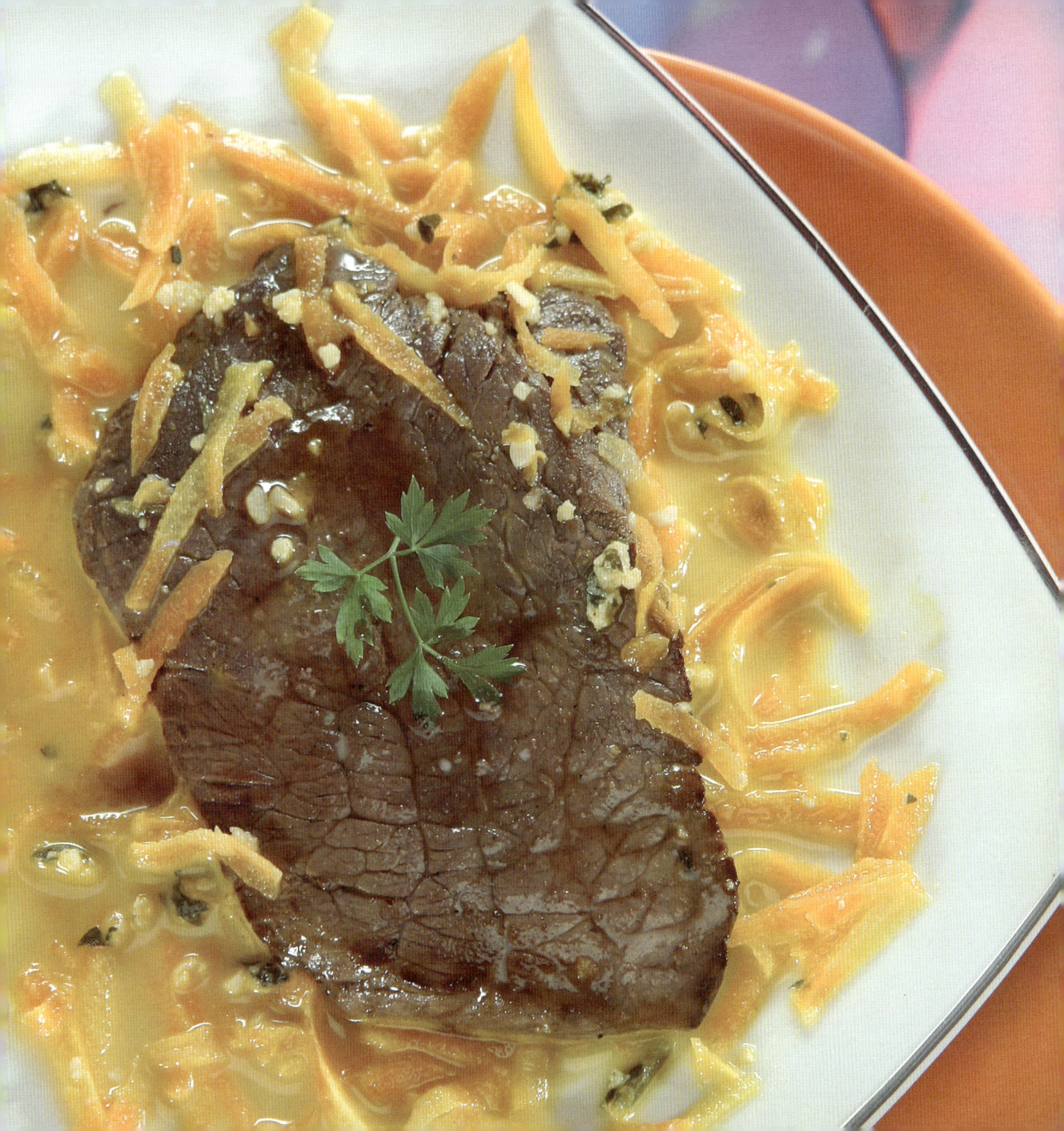

Rendimento: 4 porções | Tempo de Preparo: 50 minutos | Dificuldade: Fácil

Bracciola ao Molho Verde

Ingredientes

4 bifes de alcatra
1/2 colher (sopa) de orégano
2 colheres (café) de sal
1/2 colher (chá) de pimenta calabresa
6 fatias de bacon
2 colheres (sopa) de azeitonas pretas picadas
1/2 pimentão amarelo pequeno cortado em tiras
3 colheres (sopa) de azeite
3 dentes de alho em fatias
1 xícara (chá) de espinafre cozido e espremido
1 pitada de noz moscada
1/2 xícara (chá) de creme de leite fresco

Modo de Preparo

Tempere os bifes de alcatra com o orégano, metade do sal e a pimenta calabresa.

Recheie, distribuindo o bacon, as azeitonas e o pimentão sobre os bifes e enrole.

Prenda com palitos de dente e coloque-os em uma panela de pressão com uma xícara (chá) de água. Feche a panela e leve ao fogo por 20 minutos após o início da pressão.

À parte, aqueça o azeite e frite o alho. Junte o espinafre, a noz moscada, o creme de leite e o sal restante. Deixe ferver e desligue.

Sirva sobre as bracciolas.

Dica: O pimentão pode ser substituido por aspargos frescos

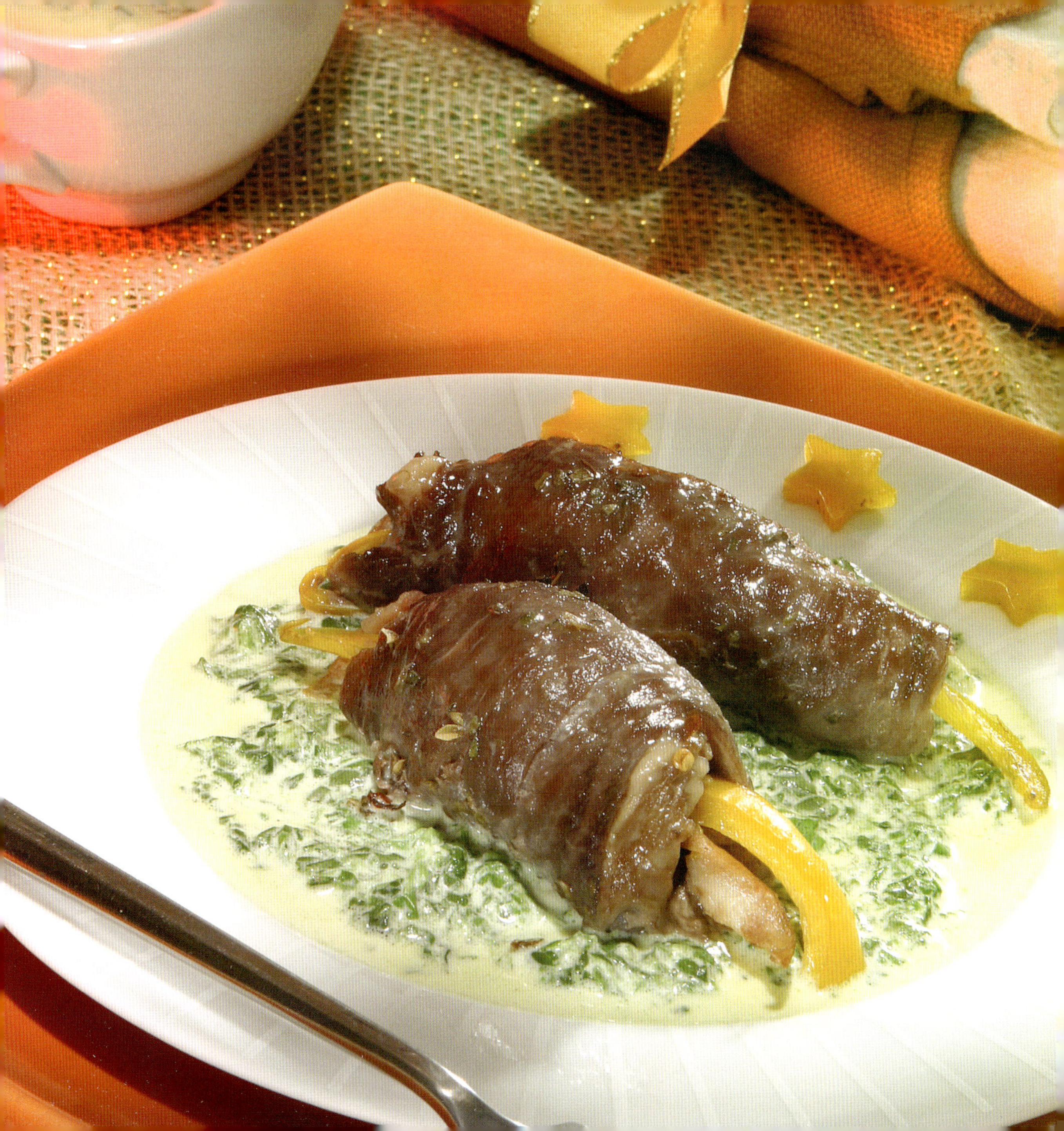

Rendimento: 4 porções | Tempo de Preparo: 1 hora e 30 minutos | Dificuldade: Fácil

Carne Assada

Ingredientes

500 g de lagarto em um só pedaço

1/4 de xícara (chá) de saquê

3 colheres (sopa) de vinho tinto seco

3 colheres (chá) de sal

1/2 colher (chá) de pimenta do reino branca

1 colher (sopa) de margarina

1 cebola pequena picada

2 colheres (sopa) de cebolinha picada

2 colheres (sopa) de farinha de trigo

1 pote de iogurte (250 ml)

Modo de Preparo

Faça vários furos no lagarto com uma faca e tempere com o saquê, o vinho, o sal e a pimenta. Deixe tomar gosto por uma hora.

Coloque a carne em uma panela de pressão com os temperos e junte duas xícaras (chá) de água. Tampe a panela e cozinhe por 30 minutos, contados após o início da pressão. Em outra panela, derreta a margarina, junte a cebola e a cebolinha e frite. Misture a farinha de trigo e acrescente o caldo do cozimento da carne (da panela de pressão), mexendo rapidamente. Junte o iogurte, espere engrossar e desligue.

Corte a carne em fatias e despeje o molho por cima. Sirva a seguir.

Dica: O iogurte pode ser substituído por creme de leite.

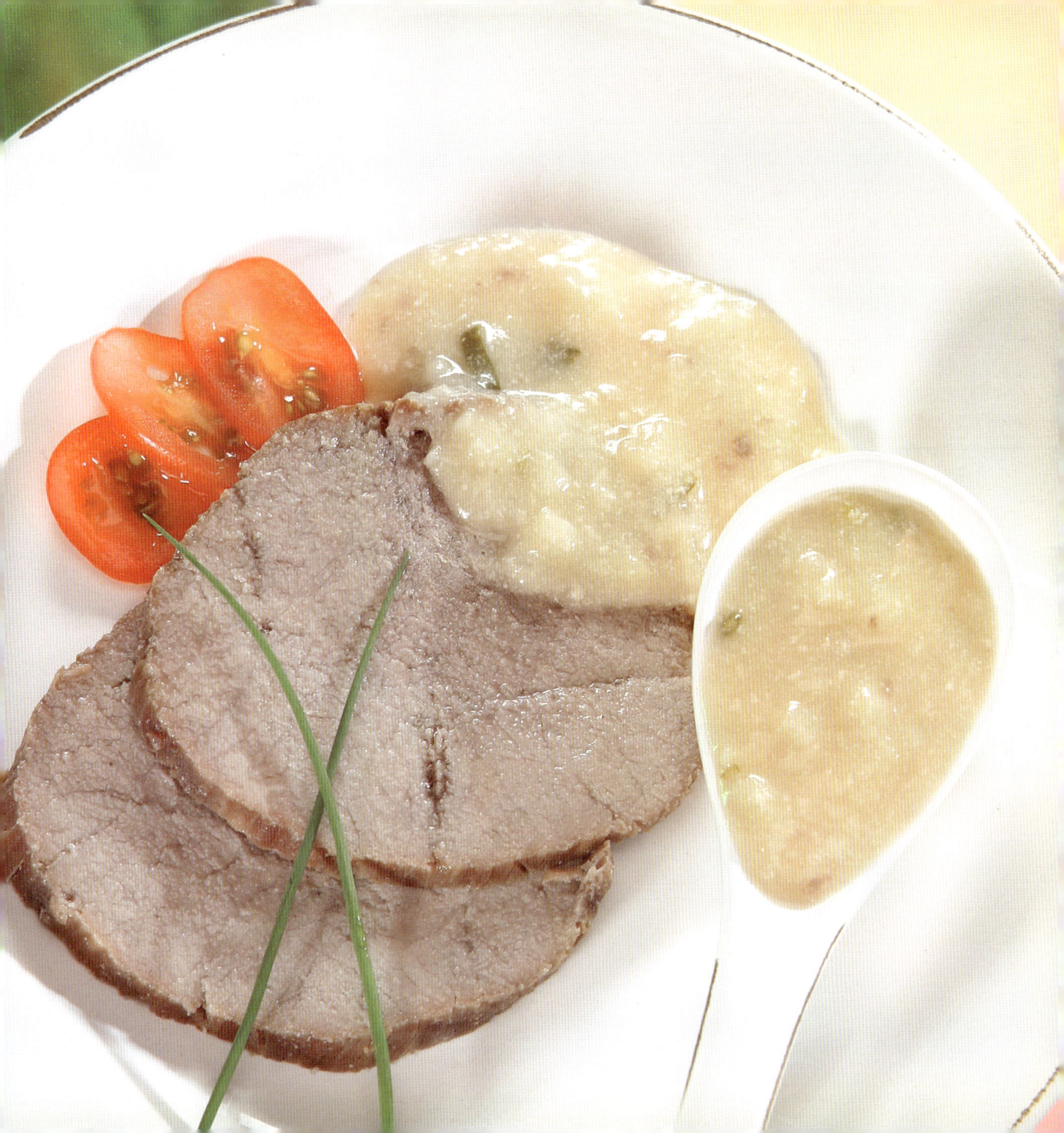

Rendimento: 6 porções | Tempo de Preparo: 1 hora e 50 minutos | Dificuldade: Fácil

Carne com Pimenta-de-Cheiro

Ingredientes

1/4 de xícara (chá) de óleo

900 g de carne bovina cortada em pedaços pequenos

1/4 de xícara (chá) de farinha de trigo

1 xícara (chá) de cebola picada

1 xícara e meia (chá) de pimenta verde picada

2 dentes de alho picados

1 xícara (chá) de tomates picados sem pele e sem sementes

1/2 colher (chá) de tomilho desidratado

3/4 de xícara (chá) caldo de carne

1/2 xícara (chá) de vinho tinto seco

1 colher (chá) de sal

1 folha de louro

2 colheres (chá) de molho de pimenta

1 colher (sopa) de molho inglês

3 colheres (sopa) de salsa picada

Modo de Preparo

Em uma panela grande (prefira a de ferro) com tampa aqueça duas colheres (sopa) de óleo e doure bem a carne, não toda de uma vez, mas em lotes, conservando-a depois numa travessa aquecida. Na mesma panela de ferro, adicione o óleo restante e a farinha. Mexa em fogo médio por uns 3 minutos até engrossar e ganhar consistência e cor castanho-escura. Acrescente a cebola, a pimenta verde e o alho, e frite por uns 5 minutos até que estejam macios, mexendo com freqüência. Junte os tomates e o tomilho e continue mexendo por outros 3 minutos.

Acrescente o caldo e o vinho. Mexa bem por mais alguns minutos raspando os pedaços que grudam no fundo. Volte a carne na panela e junte, mexendo sempre, o sal, a folha de louro, o molho de pimenta e o molho inglês.

Diminua o fogo e deixe cozinhar por 1 hora e 30 minutos, ou até a carne ficar bem macia, mexendo de vez em quando. Retire a folha de louro; acrescente a salsa e mexa. Resfrie e leve ao refrigerador até a manhã seguinte.

Aqueça a carne e sirva com queijo ralado grosso.

Dica: A pimenta verde pode ser substituída pela vermelha na mesma quantidade.

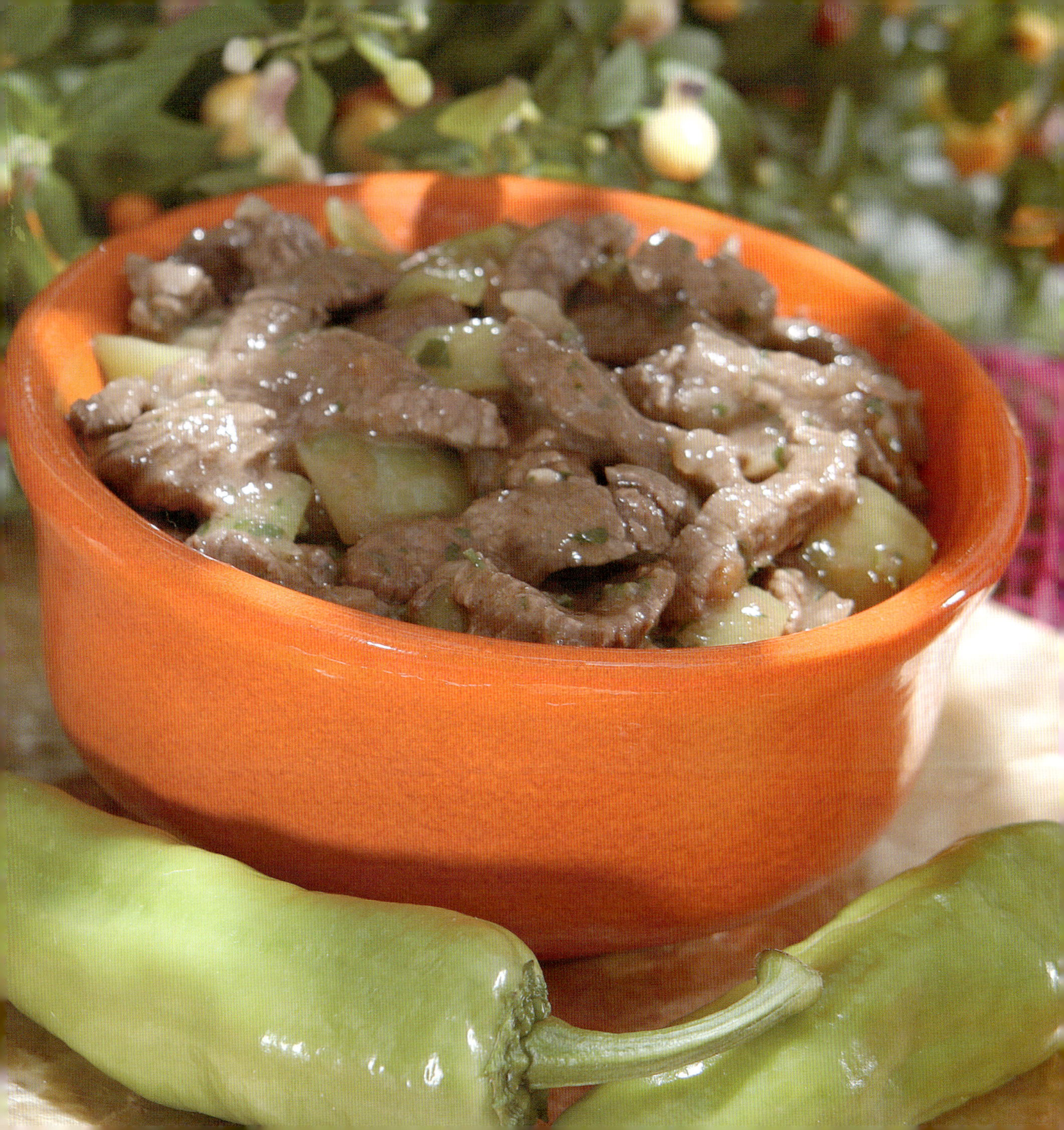

Rendimento: 5 porções | Tempo de Preparo: 40 minutos | Dificuldade: Fácil

Carne Xadrez

Ingredientes

3 colheres (sopa) de azeite

400 g de filét mignon cortado em tiras

1/2 xícara (chá) de pimentão amarelo cortado em tiras

1/2 xícara (chá) de cenoura cortada em tiras

1/2 xícara (chá) de ervilhas frescas

1/2 xícara (chá) de castanha de caju picada em pedaços grandes

1/2 colher (sopa) de farinha de trigo

1/2 xícara (chá) de molho inglês

1 colher (chá) de sal

Modo de Preparo

Aqueça o azeite e frite as tiras de filét mignon. Acrescente o pimentão, a cenoura, a ervilha, a castanha de caju e a farinha de trigo.

Misture bem e acrescente uma xícara (chá) de água. Junte o molho inglês e o sal e deixe cozinhar até engrossar o molho.

Sirva com purê de batatas.

Dica: A castanha de caju pode ser substituída por amendoim torrado e sem pele.

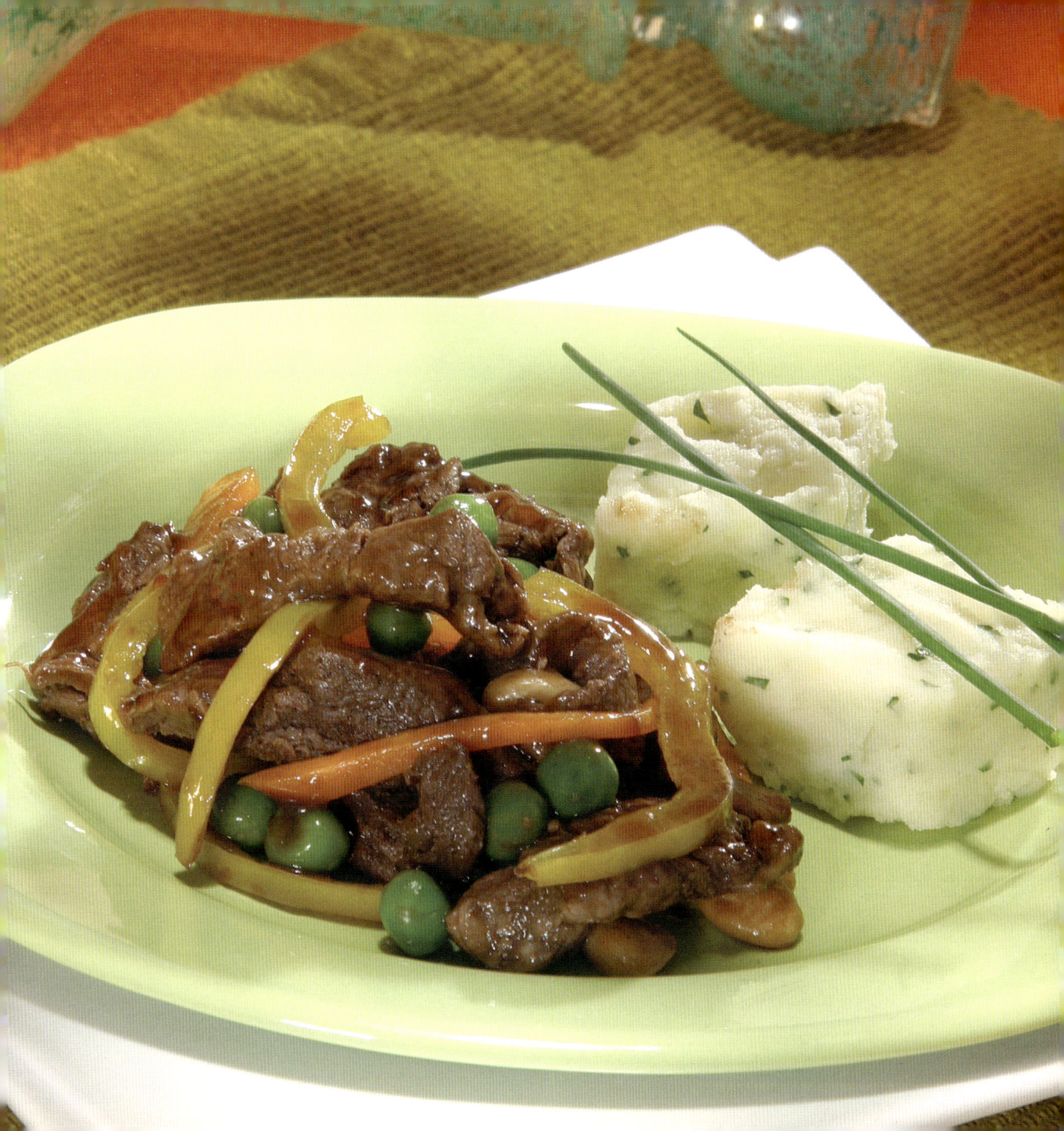

Rendimento: 6 porções | Tempo de Preparo: 20 minutos | Dificuldade: Fácil

Carpaccio Agridoce

Ingredientes

4 colheres (sopa) de azeite
1 colher (sopa) de mostarda
1 pitada de pimenta do reino
1 colher (sopa) de catchup picante
1/2 xícara (chá) de abacaxi picado
1 colher (sopa) de hortelã picada
1/2 colher (chá) de sal
200 g de carpaccio de carne bovina
2 colheres (sopa) de queijo parmesão ralado grosso
folhas de hortelã para decorar

Modo de Preparo

Misture o azeite, a mostarda, a pimenta, o catchup, o abacaxi, a hortelã picada e o sal. Reserve.

Distribua o carpaccio em um prato grande e espalhe o molho agridoce sobre ele.

Polvilhe o queijo parmesão e decore com as folhas de hortelã.

Sirva com torradas.

Dica: Troque a mostarda tradicional pela mostarda dijon, isso deixará o molho com um sabor mais forte.

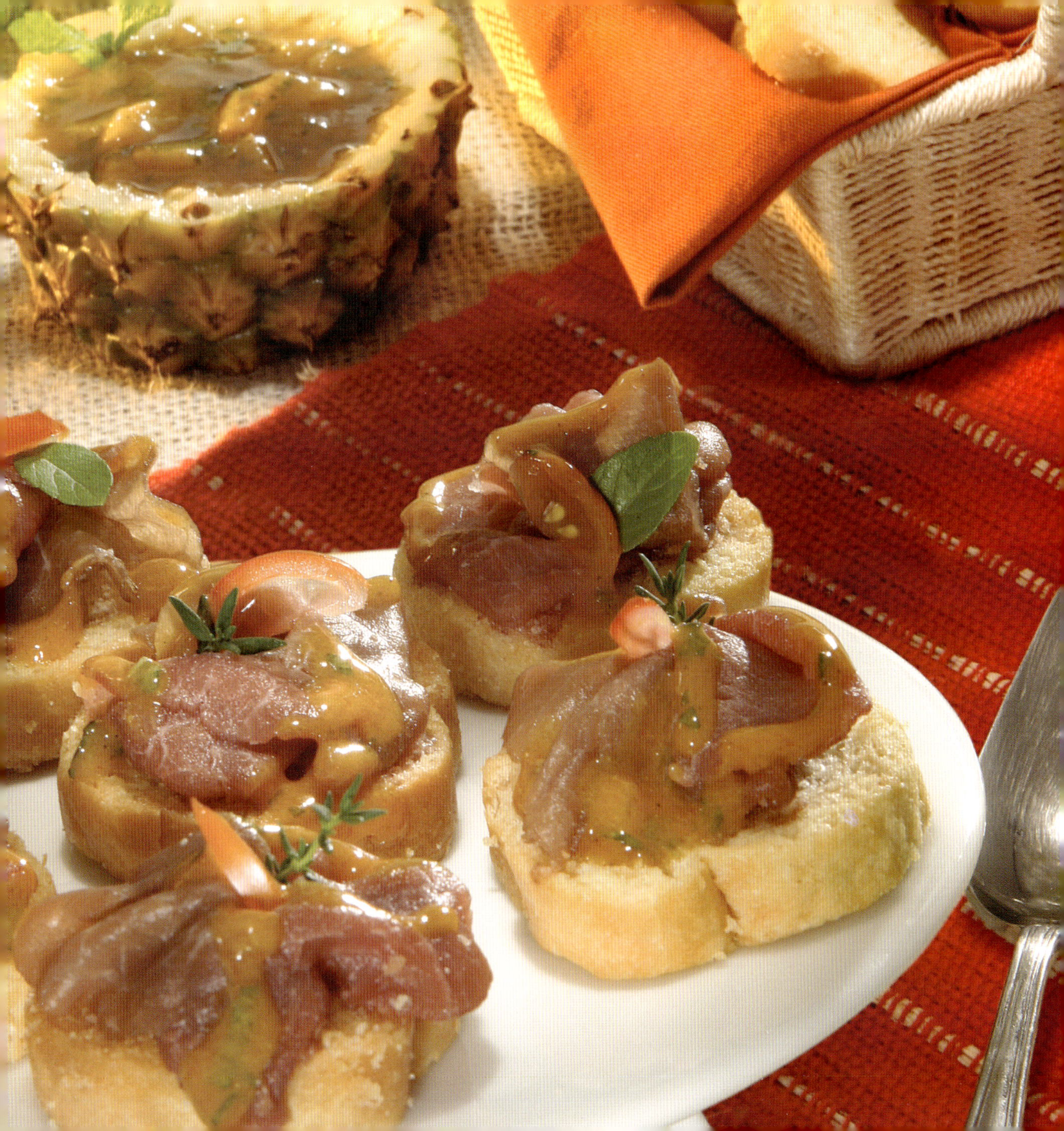

Rendimento: **8 porções** | Tempo de Preparo: **40 minutos** | Dificuldade: **Média**

Cubos de Filét Mignon com Chutney de Pimenta

Ingredientes

1,6 kg de filét mignon limpo
2 colheres (chá) de manteiga
sal a gosto

Chutney

2 pimentas dedo-de-moça sem as sementes
2 xícaras (chá) de açúcar
1 colher (sopa) de orégano
1 colher (chá) de cominho em pó
1 dente de alho picado
1 cebola média cortada em tiras
2/3 de xícara (chá) de vinagre de maçã
sal a gosto

Purê

4 couves-flor (1,2 kg aproximadamente)
2 latas de creme de leite
noz moscada e sal a gosto

Modo de Preparo

Chutney
Pique as pimentas em rodelas bem finas. Coloque em uma panela, acrescente os demais ingredientes e deixe cozinhar em fogo brando por 20 minutos.

Carne
Corte a carne em cubos de 2 cm, tempere com sal e leve à frigideira bem quente com a manteiga derretida. Salteie até dourar.

Purê
Cozinhe a couve-flor em água até que esteja bem macia. Leve ao processador de alimentos junto com o creme de leite, a noz moscada e o sal. Bata até obter uma massa homogênea.

Montagem
Em um prato de 25 cm, coloque, no centro, uma porção do purê; por cima, coloque um pouco da carne; sobre a carne, espalhe um pouco do chutney. Sirva a seguir.

Dica: Monte esse prato dentro de um kino sem a polpa. O kino é uma fruta com a casca espinhosa, cor amarelada e o sabor que lembra maracujá. Somente a parte da polpa, com as sementes, é comestível.

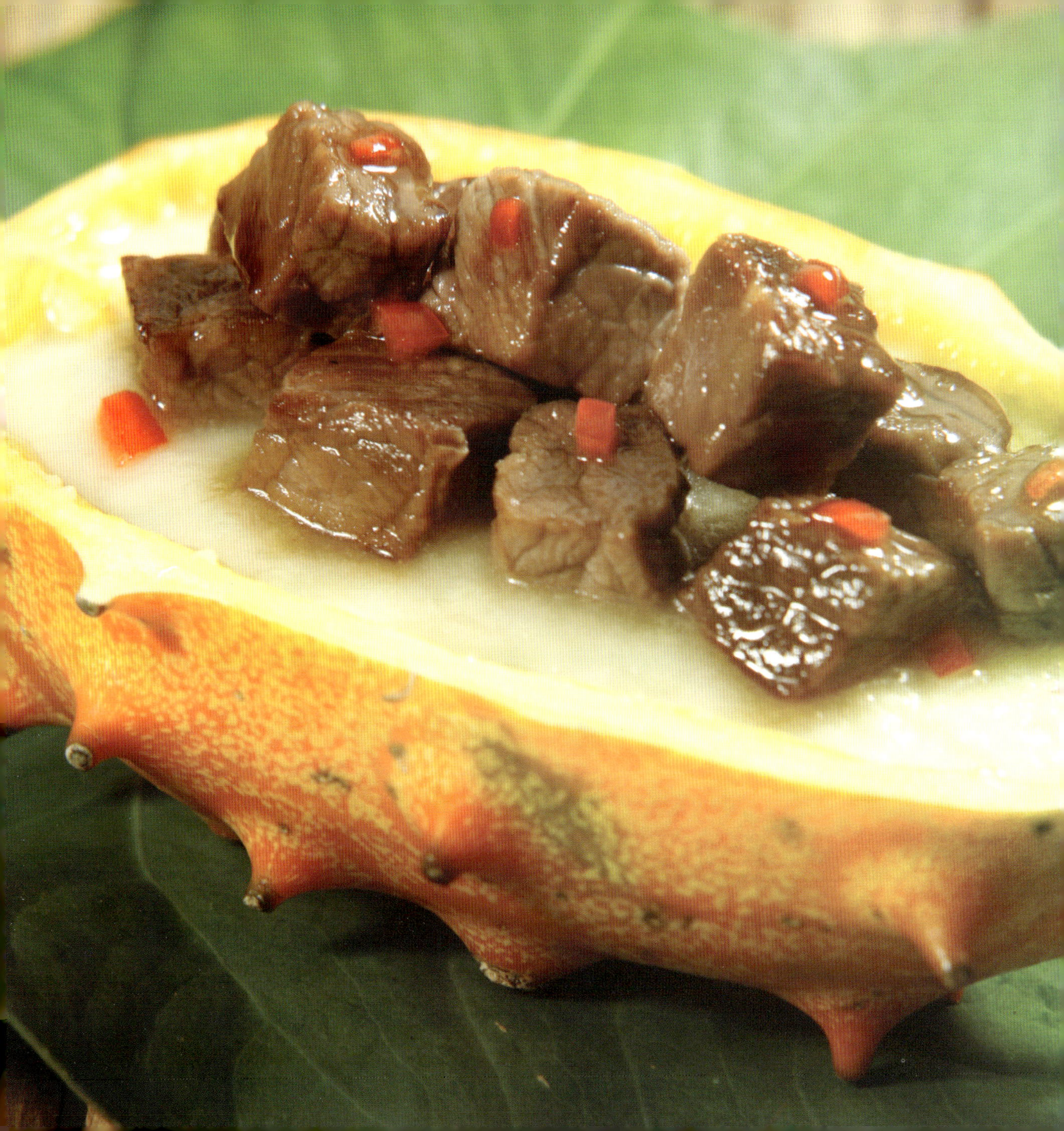

Rendimento: 4 porções | Tempo de Preparo: 40 minutos | Dificuldade: Fácil

Escalopes ao Balsâmico

Ingredientes

4 bifes grossos de Alcatra
1 colher (chá) de sal
1 pitada de pimenta do reino
2 colheres (sopa) molho inglês
1 colher (sopa) de margarina
meio envelope de caldo de carne em pó
1/4 de xícara (chá) de vinho branco seco
3 colheres (sopa) de vinagre balsâmico
1 colher (sopa) de segurelha desidratada
1 pote de iogurte (250 ml)

Modo de Preparo

Tempere os bifes com o sal, a pimenta e o molho inglês.

Deixe tomar gosto por 20 minutos.

Em uma frigideira de fundo largo, derreta a margarina e frite os bifes. Passe os bifes para uma travessa.

Na mesma frigideira, junte o caldo de carne, o vinho branco, o vinagre balsâmico, a segurelha e o iogurte. Deixe ferver até reduzir pela metade.

Volte os bifes para a frigideira com o molho e aqueça. Sirva a seguir.

Dica: A segurelha é uma erva de sabor forte e levemente apimentado, que lembra o tomilho. Faz parte da famosa mistura francesa Herbes de Provence.

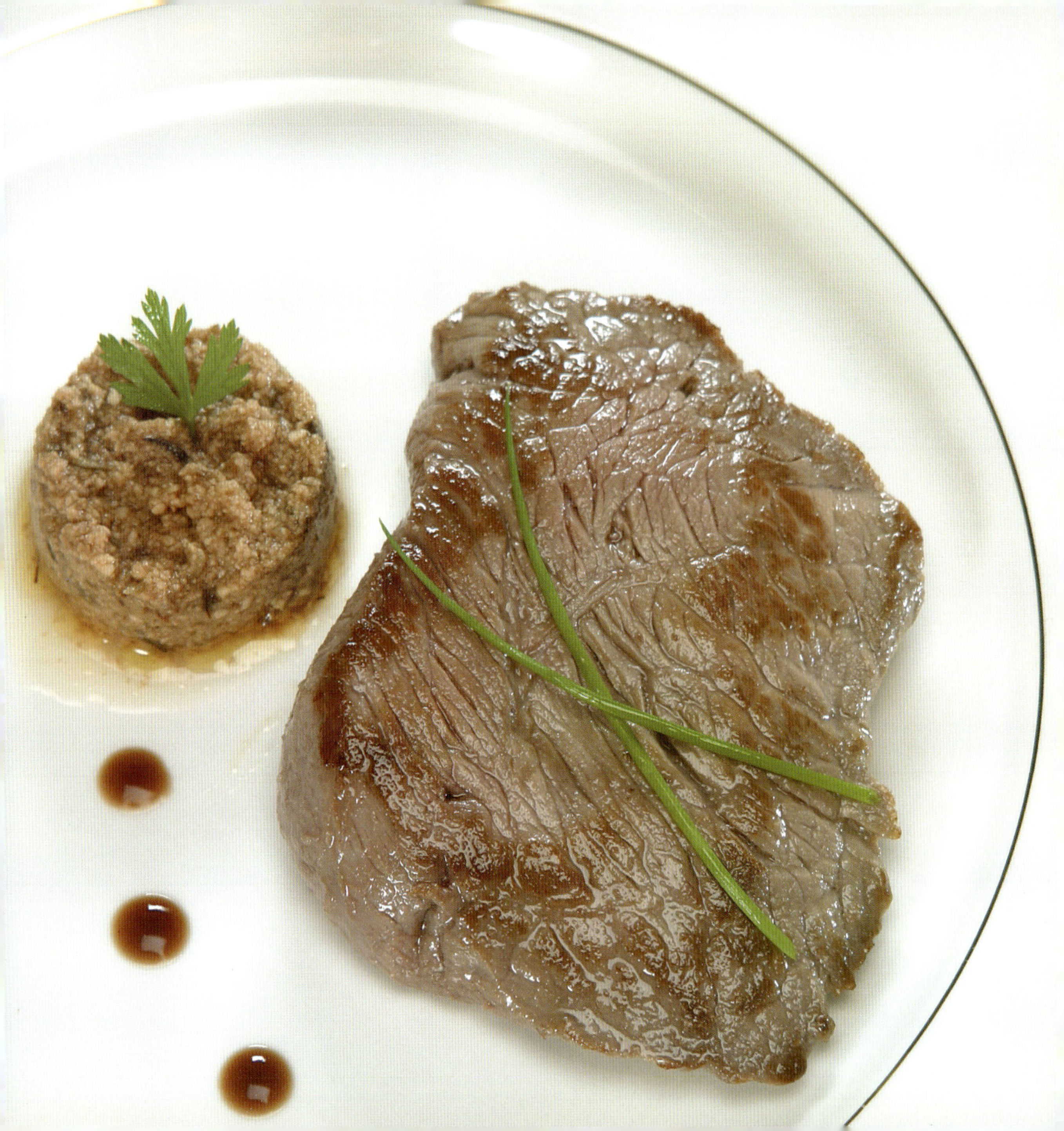

Rendimento: 4 porções | Tempo de Preparo: 40 minutos | Dificuldade: Fácil

Escalopes com Pimenta Verde

Ingredientes

1 colher e meia (sopa) de pimenta do reino verde
4 escalopes de filet mignon
1 colher e meia (chá) de sal
1 colher (sopa) de margarina
1 cebola pequena picada
3 colheres (sopa) de conhaque
2 colheres (sopa) de salsa picada
1 pote de iogurte (250 ml)
Pimenta do reino verde para decorar

Modo de Preparo

Amasse as pimentas e aperte-as sobre cada escalope. Polvilhe metade do sal sobre eles e reserve.

Em uma frigideira de fundo largo, aqueça a margarina e junte a cebola e os escalopes. Deixe dourar.

Junte o conhaque e flambe. Junte o sal restante e o iogurte.

Deixe ferver até reduzir pela metade.

Desligue, misture a salsa e sirva a seguir.

Dica: O conhaque pode ser substituido por rum.

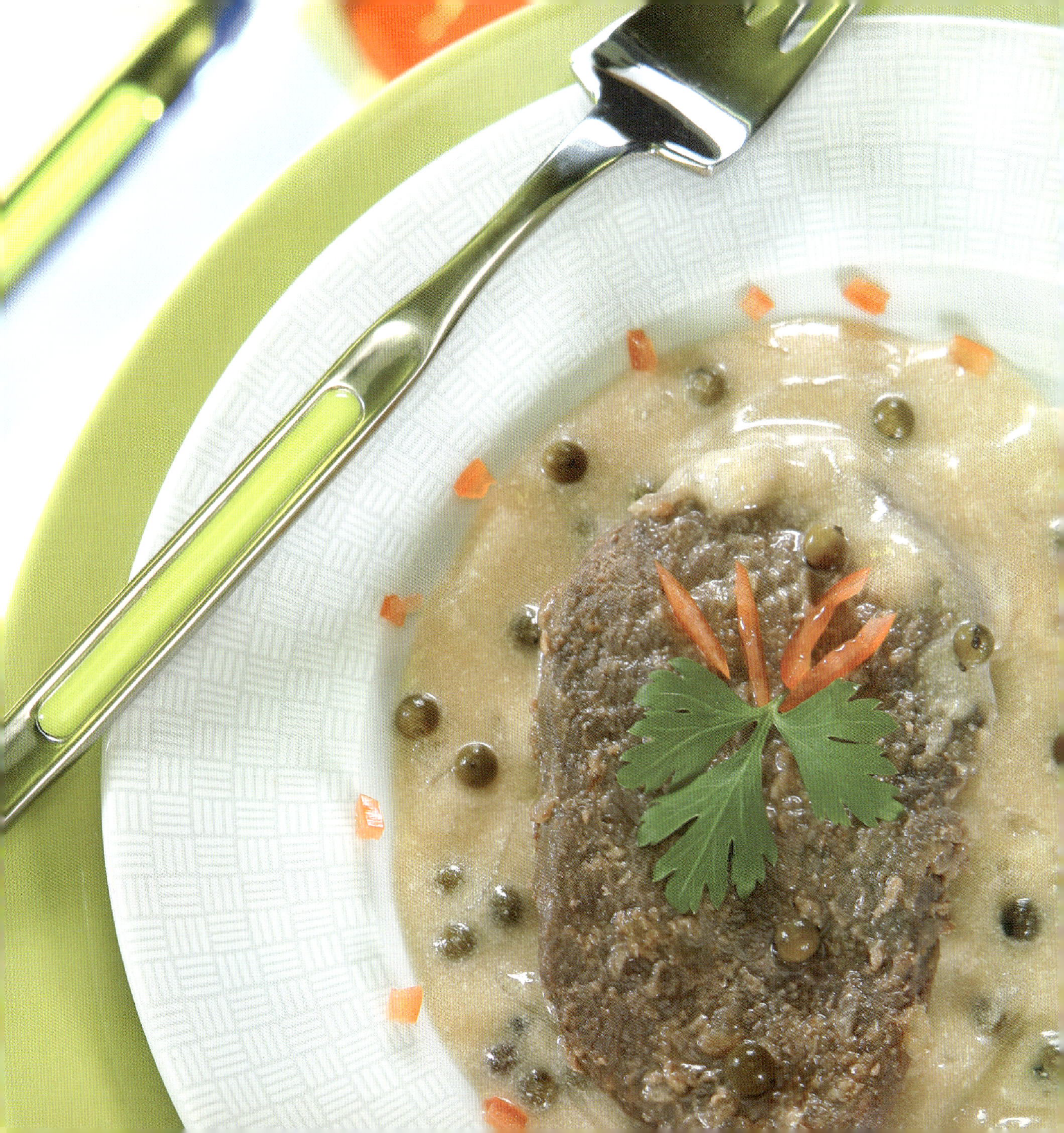

Rendimento: 10 porções | Tempo de Preparo: 1 hora e 40 minutos | Dificuldade: Fácil

Escondidinho de Charque

Ingredientes

1 kg de charque
2 cebolas cortadas em tiras
1/4 de xícara (chá) de azeite
1/2 xícara (chá) de cebolinha picada
1 kg de mandioquinha descascada e cozida
1 caixa de creme de leite light (200 g)
1 colher (chá) de sal
1 bisnaga de catupiry (250 g)
3 colheres (sopa) de queijo parmesão ralado
2 colheres (sopa) de folhas pequenas de manjericão

Modo de Preparo

Deixe o charque de molho por 12 horas, trocando a água a cada 3 horas.

Cozinhe em panela de pressão por 30 minutos, após o início a pressão. Desfie a carne e reserve. Em uma panela frite a cebola com o azeite e junte a carne desfiada e a cebolinha. Reserve.

Passe a mandioquinha pelo espremedor de legumes, coloque em uma panela, junte o creme de leite light, o sal, o catupiry, o queijo parmesão e as folhas de manjericão. Em um refratário coloque o charque e cubra com o purê de mandioquinha. Leve ao forno preaquecido (230°C) por 20 minutos. Sirva a seguir.

Dica: Troque o purê de mandioquinha pelo purê de couve flor da pág. 18

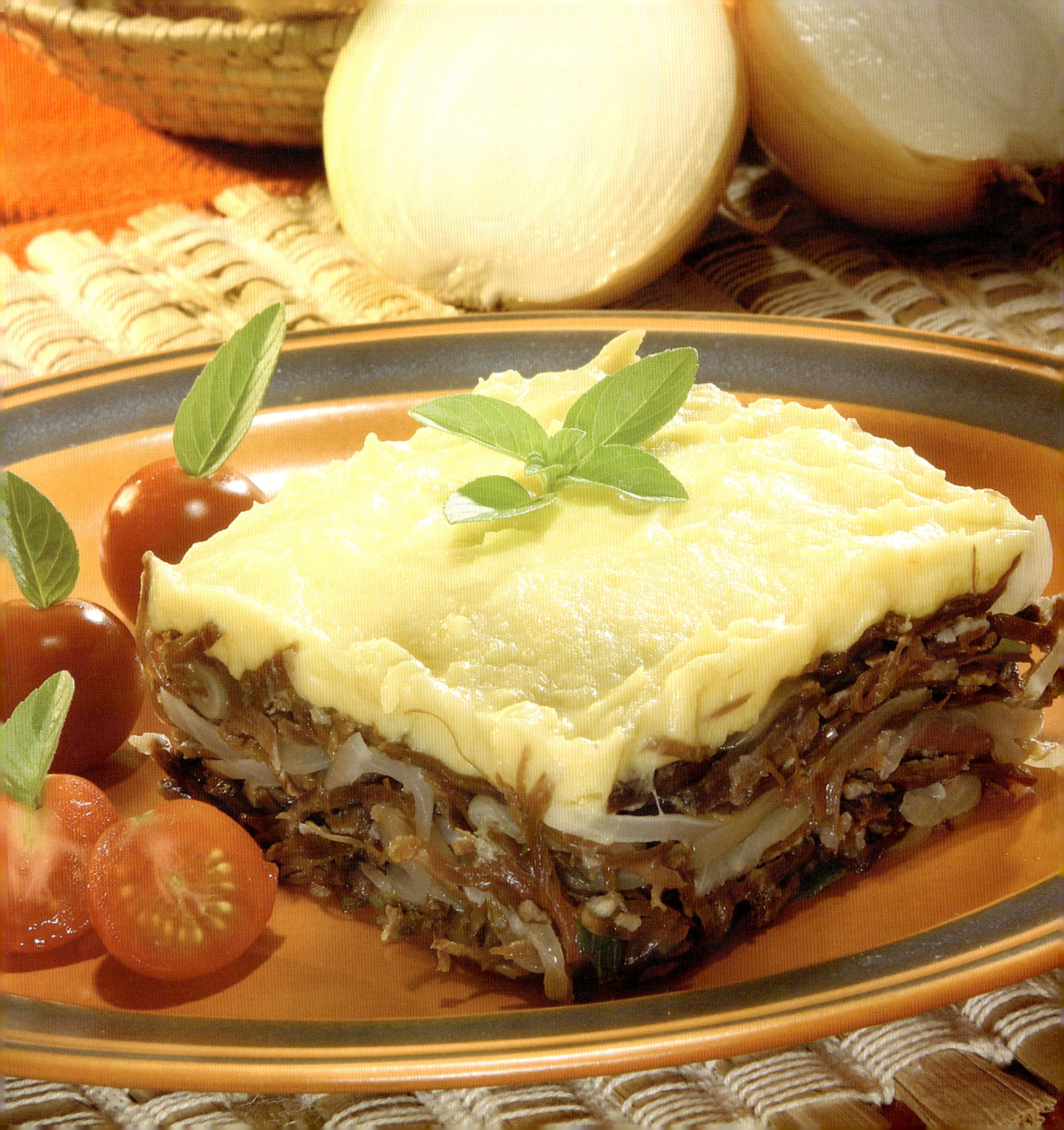

Rendimento: **4 porções** | Tempo de Preparo: **50 minutos** | Dificuldade: **Médio**

Espetinho com Arroz de Carreteiro

Ingredientes

Espetinhos

- 2 bananas nanicas
- 1 ovo batido
- 1/2 xícara (chá) de farinha de rosca
- 400 g de filét mignon cortado em tiras
- sal a gosto
- 8 pimentas vermelhas redondas e pequenas
- óleo para fritar
- palitos para montar os espetos

Arroz de Carreteiro

- 500 g de charque deixado de molho na véspera
- 3 colheres (sopa) de azeite
- 1/2 cebola picada
- 2 dentes de alho picados
- 1 xícara (chá) de arroz
- sal a gosto

Modo de Preparo

Espetinhos

Corte a bananas em rodelas e passe-as no ovo e depois na farinha de rosca. Frite-as no óleo quente até dourar. Tempere o filét mignon com sal e frite em frigideira untada. Espete nos palitos, as rodelas de banana e as tiras de carne, intercaladas. Coloque uma pimenta na ponta de cada espeto.

Arroz de Carreteiro

Afervente o charque, trocando a água uma vez. Pique em pedaços pequenos, coloque em uma panela com o azeite e frite. Quando estiver bem dourada, acrescente a cebola e o alho. Junte o arroz e deixe fritar um pouco.

Tempere com o sal e adicione duas xícaras (chá) de água quente. Cozinhe em fogo médio, com a panela semitampada até secar toda a água e o arroz ficar macio. Sirva ainda quente com os espetinhos.

Dica: O arroz de carreteiro pode ser preparadocom carne moída no lugar do charque.

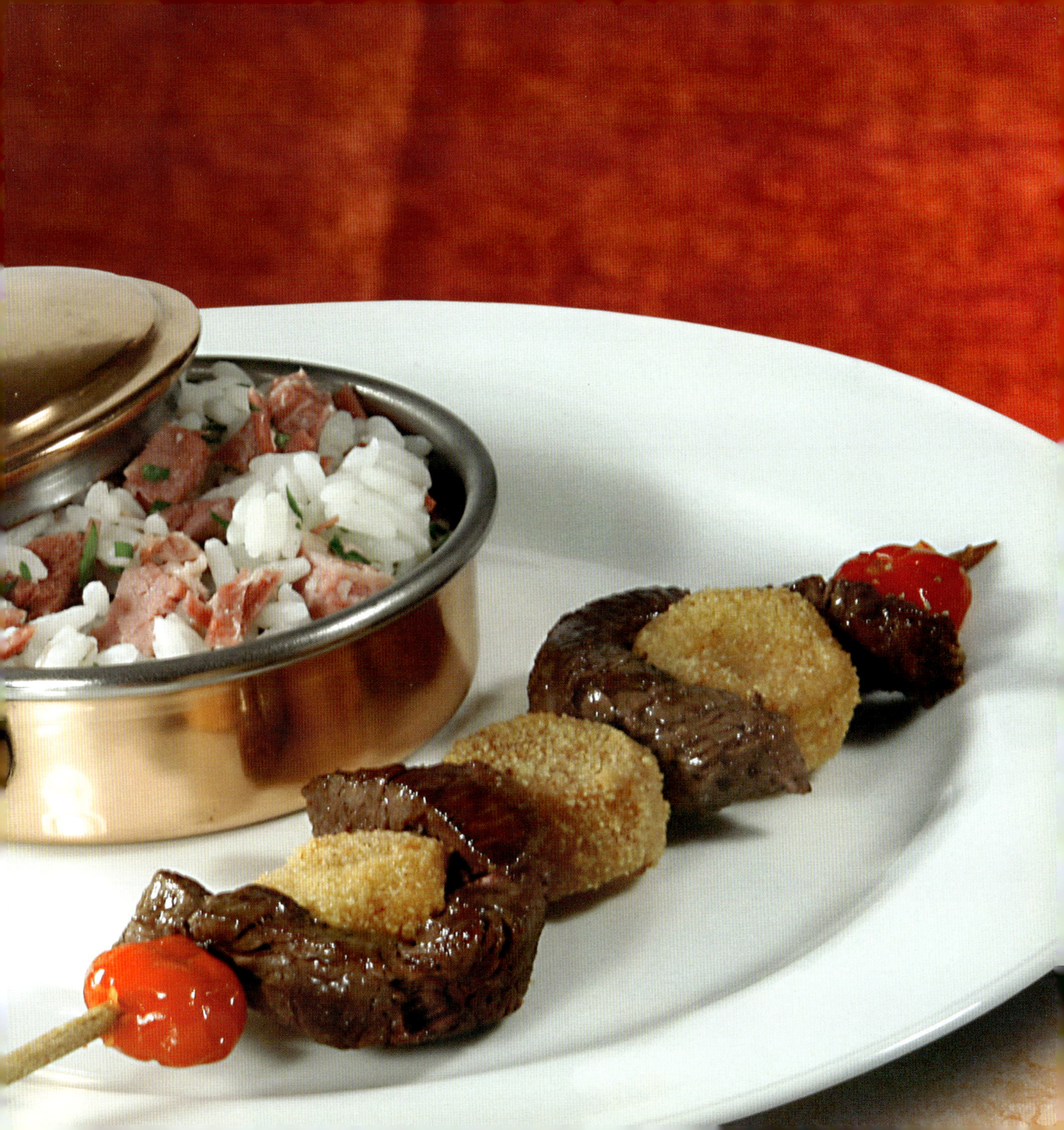

Filé ao Molho de Hortelã

Ingredientes

- 4 medalhões de filet mignon
- 1 colher (chá) de sal
- 1 pitada de pimenta do reino
- 2 dentes de alho amassados
- 3/4 de xícara (chá) de folhas de hortelã
- 1 colher (chá) de folhas de manjericão
- 1 colher (sopa) de salsa picada
- 1/2 colher (sopa) de alcaparras
- 1 envelope de caldo de legumes em pó
- 1 colher (sopa) de maisena
- 1 pote de iogurte (250 ml)
- 1 colher (sopa) de margarina

Modo de Preparo

Tempere os medalhões com o sal e a pimenta.

Em uma panela misture o alho, as folhas de hortelã, as folhas de manjericão, a salsa, as alcaparras, o caldo de legumes, a maisena e o iogurte e misture bem.

Deixe cozinhar até engrossar e desligue. Reserve.

Em uma frigideira derreta a margarina e frite os medalhões dos dois lados até dourar.

Coloque os medalhões em pratos individuais e despeje o molho sobre eles. Sirva a seguir.

Dica: Acrescente azeitonas verdes ao molho de hortelã no lugar das alcaparras.

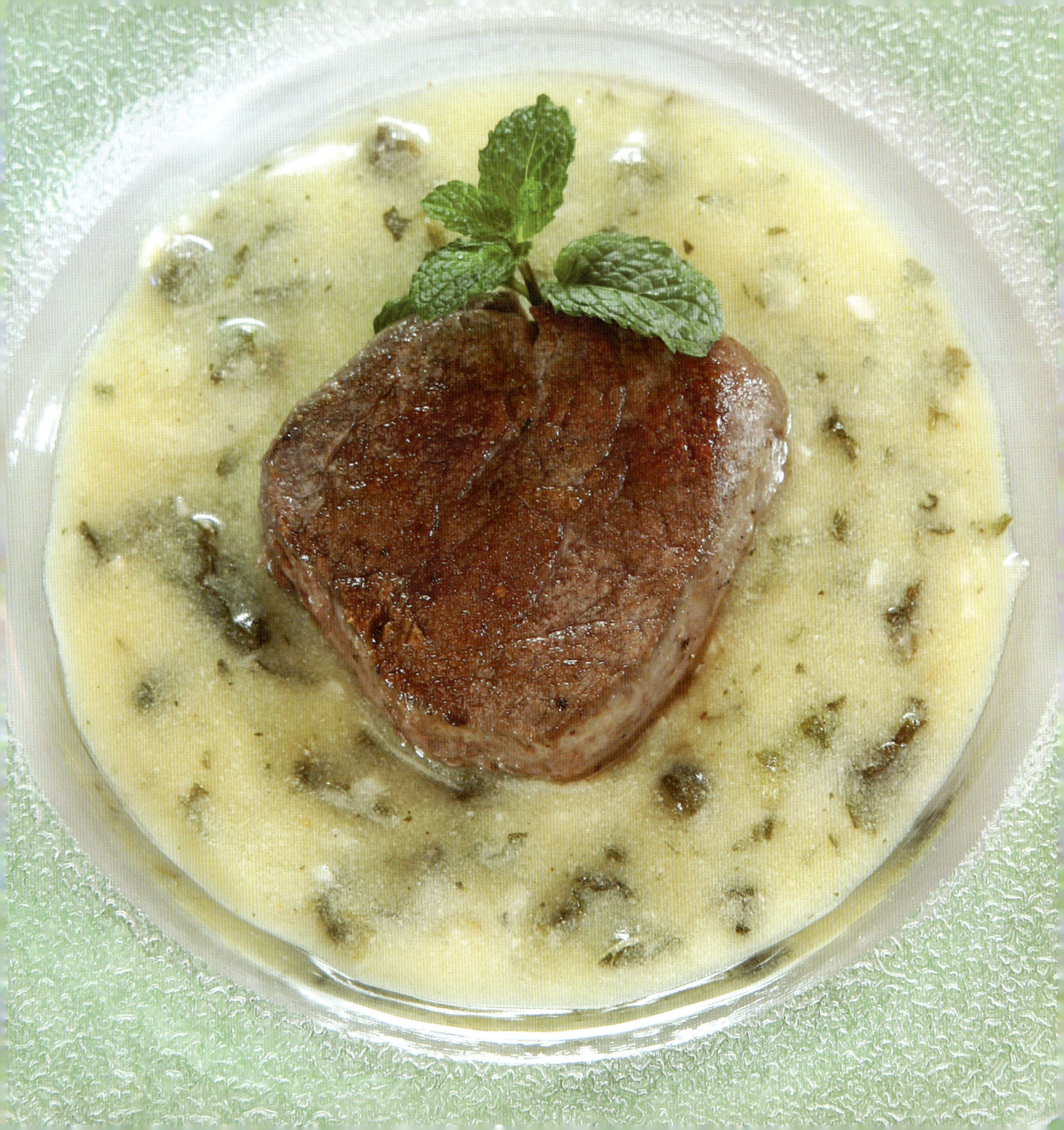

Rendimento: 8 porções | Tempo de Preparo: 1 hora e 30 minutos | Dificuldade: Fácil

Fraldinha na Brasa

Ingredientes

1/2 tablete de manteiga derretida (100 g)

1 colher (sopa) de raspas de limão

1 colher (sopa) de alho picado

1 colher e meia (sopa) de sal

suco de 1 laranja

1 peça de fraldinha

Modo de Preparo

Misture a manteiga, as raspas de limão, o alho, o sal e o suco de laranja.

Passe esse tempero sobre a fraldinha e embrulhe em papel alumínio.

Leve para assar na churrasqueira até que a carne esteja macia. Sirva com vinagrete.

Dica: Substitua o suco de laranja por suco de maracujá.

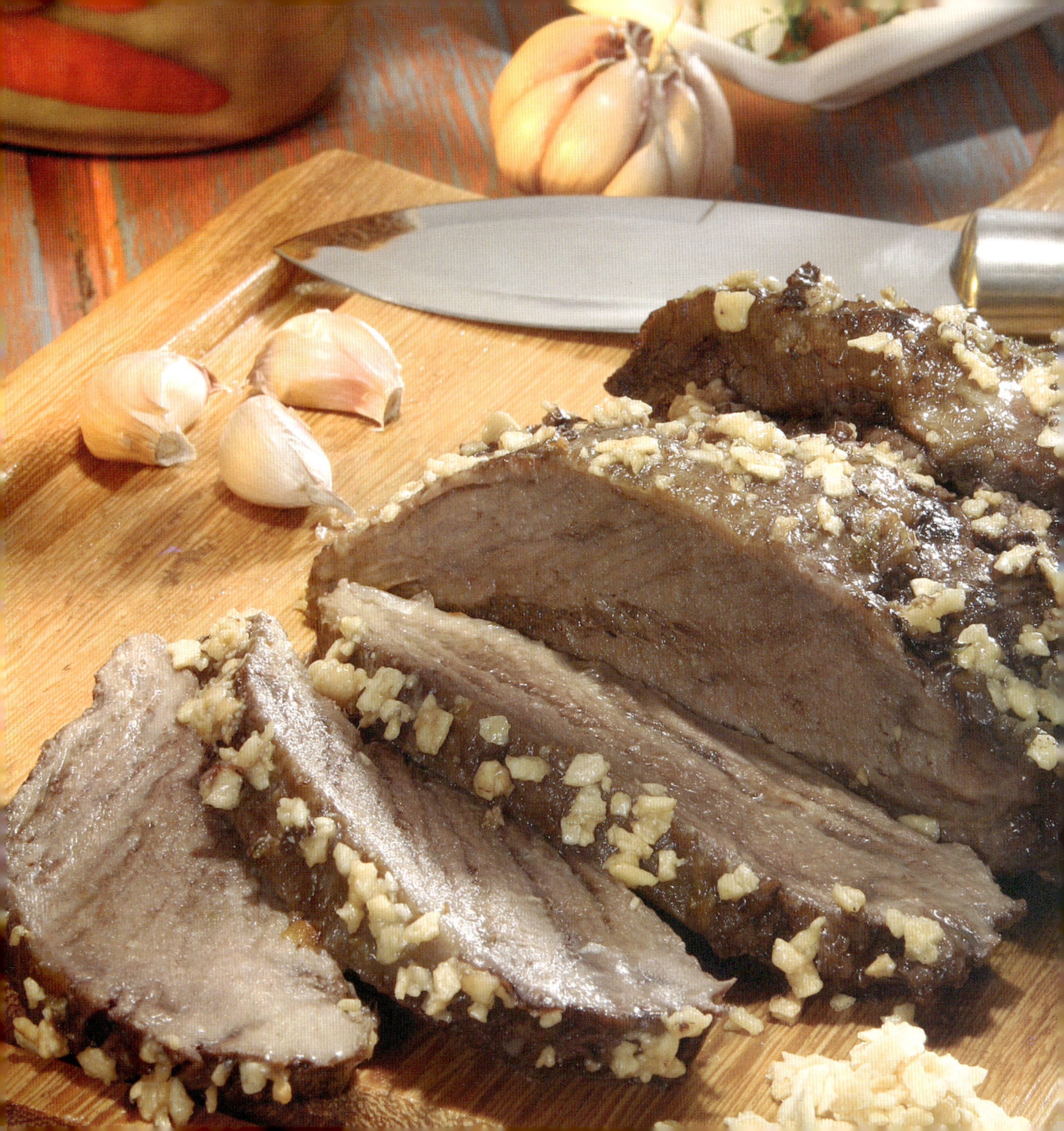

Rendimento: **8 porções** | Tempo de Preparo: **1 hora e 15 minutos** | Dificuldade: **Fácil**

Maminha com Ameixa

Ingredientes

2 colheres (sopa) de extrato de tomate

2 colheres (sopa) de cebolinha picada

2 dentes de alho picados

1 colher e meia (sopa) de sal

1 peça de maminha

1/4 de xícara (chá) de ameixas secas picadas

1/2 xícara (chá) de geléia de manga

1/3 de xícara (chá) de vinagre

1 tablete de caldo de tomate

Modo de Preparo

Misture o extrato de tomate, a cebolinha, o alho e o sal. Tempere a maminha e leve ao forno preaquecido (250°C) por 1 hora.

À parte, coloque as ameixas em uma panela e junte meia xícara (chá) de água e cozinhe até amolecer. Adicione a geléia de manga, o vinagre e o caldo de tomate.

Corte a carne em fatias e sirva com o molho de ameixa.

Dica: A ameixa pode ser substituida por uvas-passas escuras ou claras.

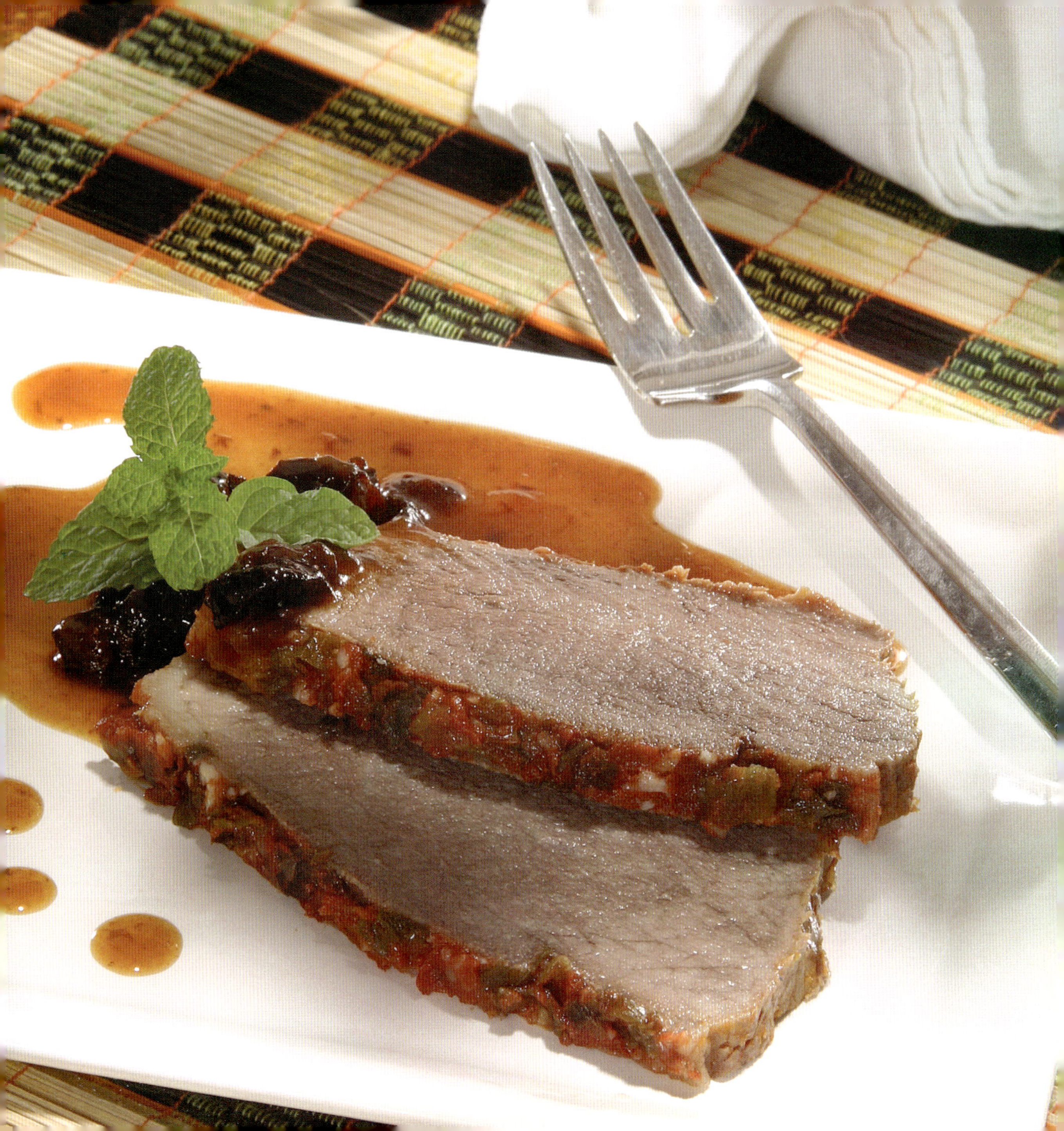

Rendimento: **4 porções** | Tempo de Preparo: **40 minutos** | Dificuldade: **Fácil**

Medalhão ao Molho de Damasco

Ingredientes

2 colheres (sopa) de manteiga
1 colher (sopa) de farinha de trigo
1 xícara e meia (chá) de leite
1/2 xícara (chá) de damascos picados
2 colheres (sopa) de nozes picada
1 colher (chá) de noz moscada
8 pimentas do reino em grãos
2 colheres (chá) de sal
4 medalhões de filét mignon
3 colheres (sopa) de shoyu
óleo para fritar

Modo de Preparo

Derreta a manteiga e junte a farinha de trigo. Adicione o leite, aos poucos, mexendo sempre, os damascos, as nozes, a noz moscada, a pimenta do reino e metade do sal.

Deixe ferver e desligue. Tempere os medalhões de filét mignon com o sal restante e o shoyu.

Frite em óleo até ficarem dourados. Sirva com o molho.

Dica: O molho shoyu pode ser substituido por molho inglês.

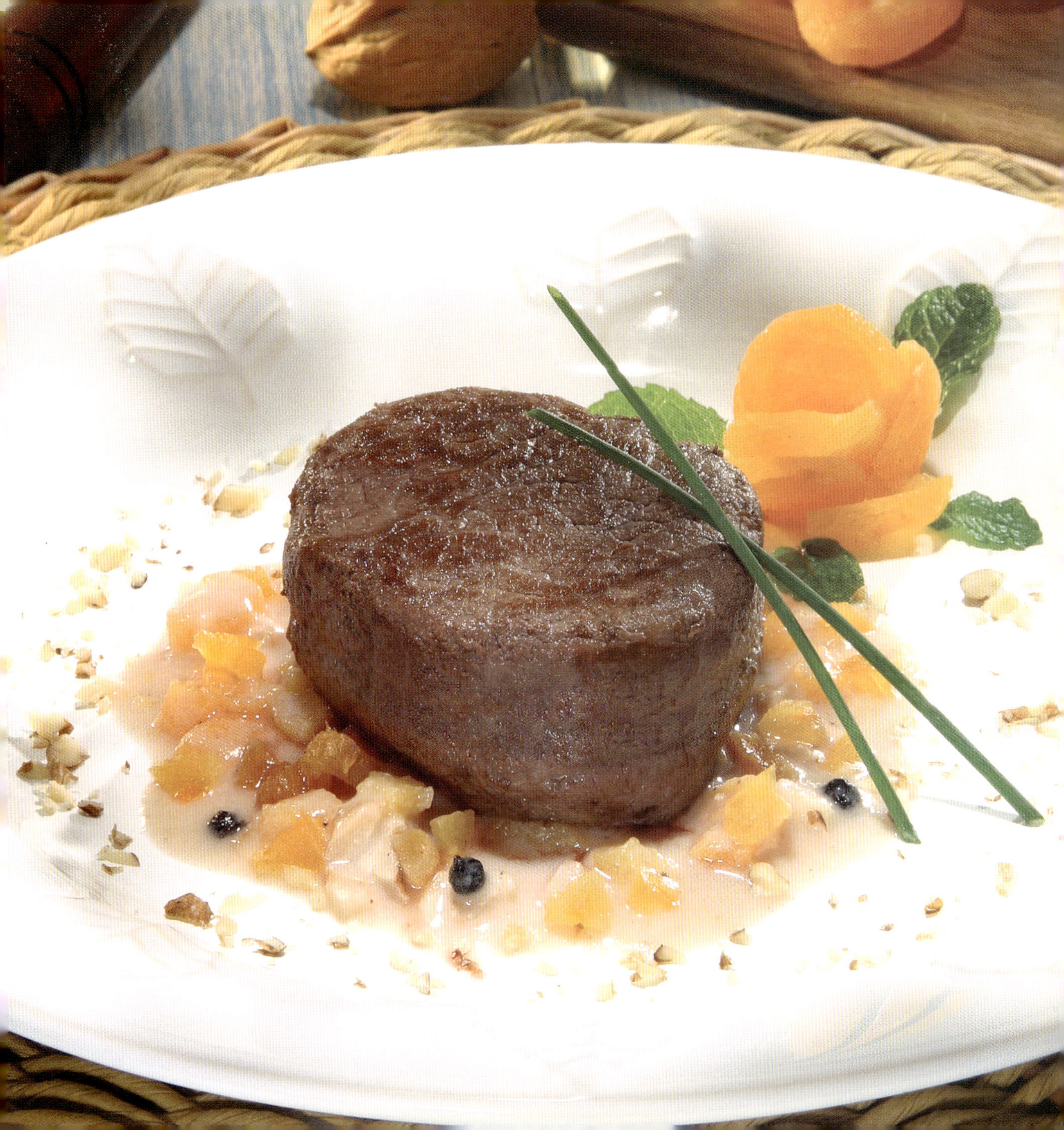

Rendimento: 4 porções | Tempo de Preparo: 40 minutos | Dificuldade: Fácil

Medalhão com Purê de Cenoura

Ingredientes

1 envelope de caldo de carne em pó
1 pitada de cravo em pó
2 dentes de alho picados
1 colher (sopa) de manteiga derretida
4 medalhões de alcatra
4 colheres (sopa) de azeite
1 talo de alho poró picado
1/2 colher (chá) de sal
3 cenouras grandes cozidas e amassadas
1 colher (sopa) de queijo parmesão ralado
3 colheres (sopa) de creme de leite

Modo de Preparo

Faça uma mistura com o caldo de carne, o cravo, o alho e a manteiga.

Besunte os medalhões e deixe tomar gosto. Em uma frigideira aqueça o azeite e frite os medalhões.

Reserve.

Na mesma frigideira, junte o alho poró e frite.

Adicione o sal, a cenoura, o queijo ralado e o creme de leite, mexa bem e sirva acompanhado dos medalhões.

Dica: Substitua o caldo de carne em pó por caldo de picanha ou de costela em pó.

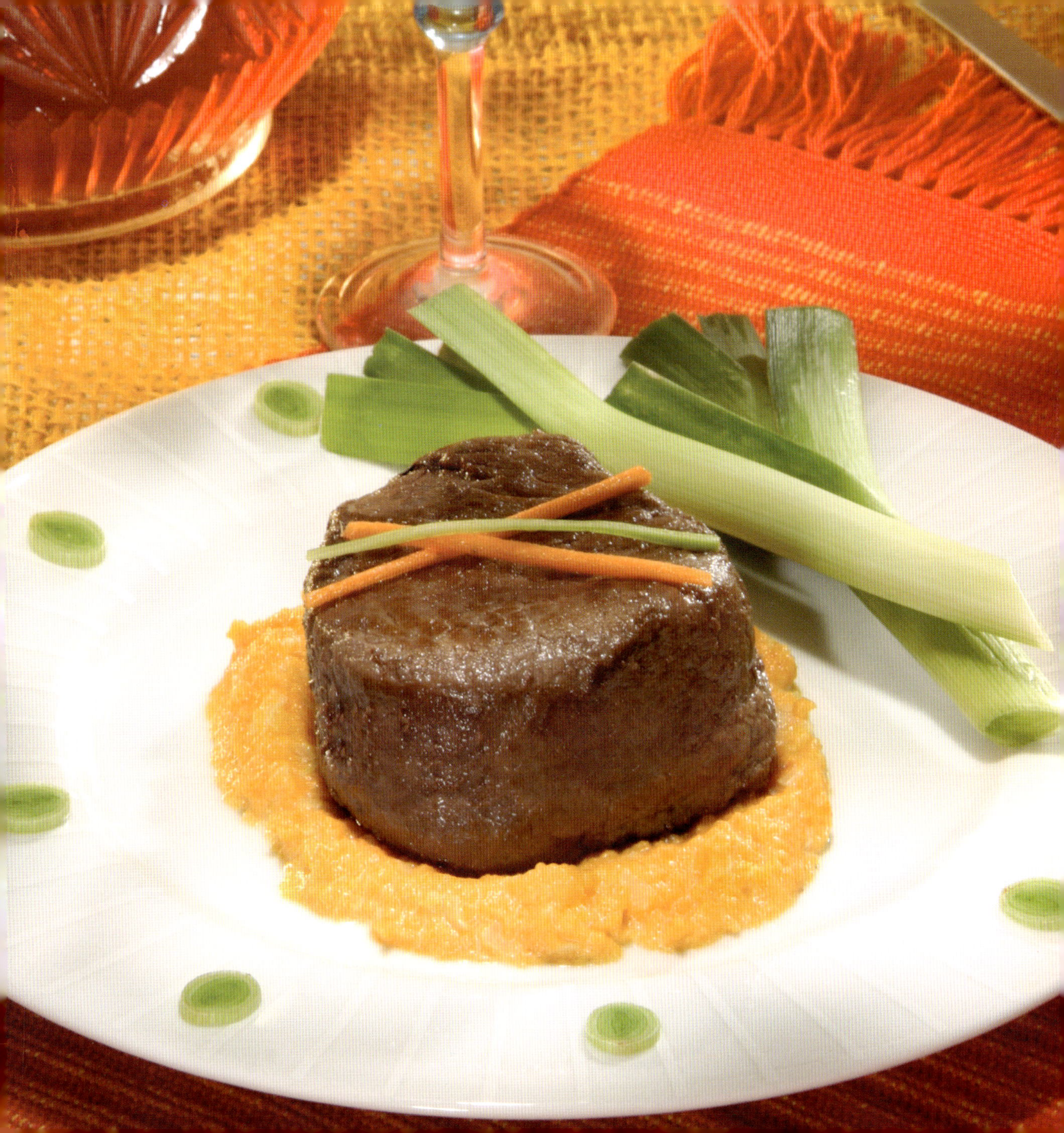

Medalhão com Molho de Cachaça e Purê de Mandioquinha

Ingredientes

1,5 kg de filet mignon cozido

1 kg de inhame

1 colher (chá) de açafrão

1 xícara (chá) de leite

Sal, noz moscada e pimenta a gosto

200g de geléia de cachaça Senhora das Especiarias

1 colher (sopa) de pimenta rosa

Modo de Preparo

Corte o filé mignon em medalhões e tempere com sal e pimenta. Frite em fogo alto com pouca gordura. Em uma panela cozinhe o inhame até que esteja macio, em seguida retire e bata no processador de alimentos com o açafrã e o leite até que fique homogêneo. Tempere com sal, noz moscada e pimenta. Aqueça a geléia de cachaça em fogo baixo por 5 minutos.

Montagem

Coloque o purê de inhame no centro do prato, o medalhão, distribua a geléia por cima e salpique a pimenta rosa.

Dica: a geléia de cachaça pode ser substituida por outra geléia exótica, como a geléia de hortelã, para dar um toque diferenciado.

Rendimento: 10 porções | Tempo de Preparo: 40 minutos | Dificuldade: Fácil

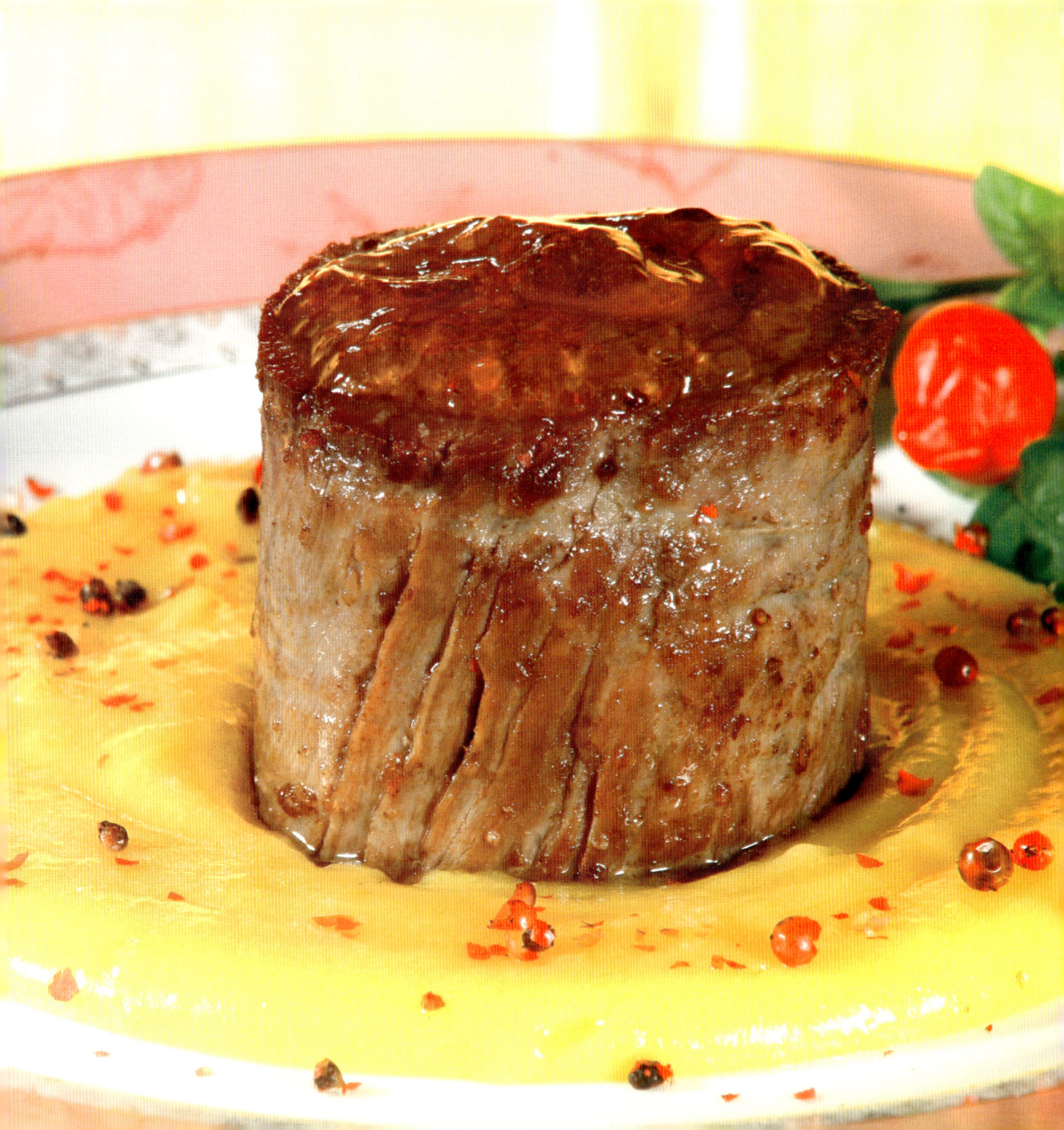

Rendimento: 10 porções | Tempo de Preparo: 30 minutos | Dificuldade: Fácil

Medalhão com Palmito

Ingredientes

1,5 kg de filet mignon cozido

sal e pimenta a gosto

200g de palmito pupunha

300g de geléia de abacaxi com pimenta

500ml de azeite

1 maço de hortelã

1 maço de manjericão

Modo de Preparo

Corte o filé mignon em medalhões, e novamente ao meio cada medalhão. Tempere com sal e pimenta. Frite em fogo alto com pouca gordura. Corte o palmito pupunha em rodelas finas e distribua entre as duas partes de cada medalhão, formando um sanduíche. Em outra panela, coloque a geléia e 300ml de azeite, deixe por 5 minutos em fogo baixo. Mexa bem. Bata no liquidificador o azeite restante com a hortelã e o manjericão.

Montagem

Coloque o medalhão no centro do prato, distribua a geléia por cima e gotas de azeite com hortelã e manjericão.

Dica: A geléia de abacaxi com pimenta pode ser substituida por geléia de gengibre.

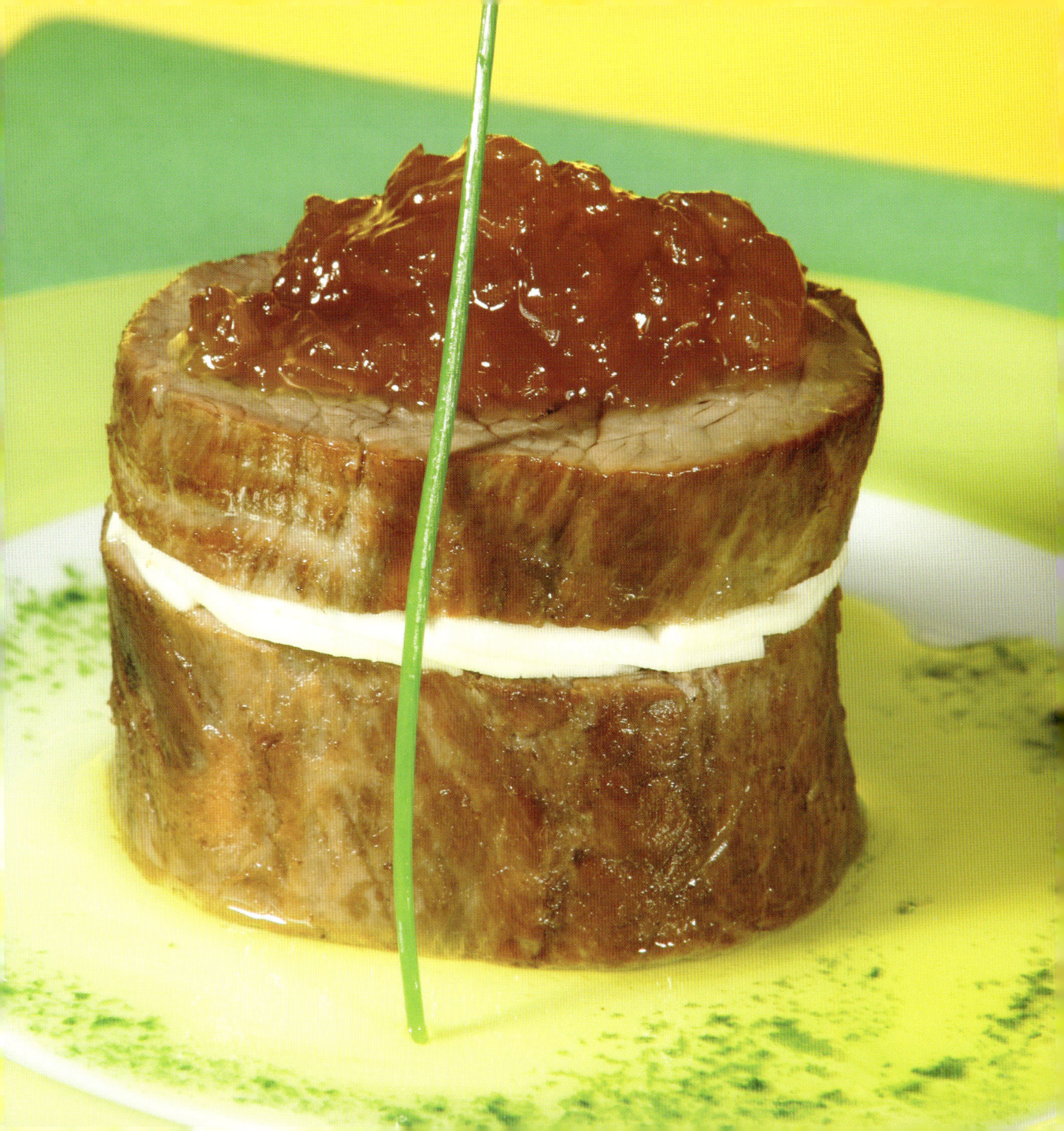

Rendimento: **4 porções** | Tempo de Preparo: **40 minutos** | Dificuldade: **Médio**

Medalhão de Filét Mignon com Crosta de Castanha de Caju

Ingredientes

Medalhão

100 g de castanha de caju triturada
1 colher (sopa) de queijo parmesão ralado
1 colher (chá) de alho amassado
1 colher (sopa) de manteiga
4 medalhões de filét mignon
azeite para fritar

Molho de Manga

1 colher (sopa) de manteiga
2 colheres (sopa) de cebola ralada
1 pitada de tomilho
1 pitada de manjericão
1/2 colher (sopa) de farinha de trigo
1 xícara (chá) de suco de manga pronto
sal, pimenta calabresa e noz moscada a gosto

Legumes

1/3 de xícara (chá) de mini cenouras
1/3 de xícara (chá) de brócolis
1 colher (sopa) de manteiga
1/3 de champignon
sal a gosto

Modo de Preparo

Medalhão

Misture a castanha de caju, o queijo parmesão, o alho e a manteiga. Coloque essa mistura sobre um dos lados dos medalhões de filét mignon e frite no azeite, virando-os com cuidado para não soltar a crosta, até dourar. Reserve.

Molho de Manga

Derreta a manteiga e frite a cebola, o tomilho e o manjericão. Junte a farinha de trigo, misture bem e adicione o suco de manga. Mexa até engrossar ligeiramente e tempere com sal, pimenta calabresa e noz moscada a gosto. Deixe ferver por alguns minutos para apurar. Desligue.

Legumes

Cozinhe a cenoura e o brócolis até ficar "al dente". Derreta a manteiga e refogue o champignon e os legumes cozidos. Tempere com sal.

Montagem

Coloque um medalhão em um prato com a crosta virada para cima, regue com um pouco de molho de manga e coloque alguns legumes refogados ao lado. Sirva a seguir.

Dica: A castanha de caju pode ser substituída por gergelim, castanha do pará ou amêndoas.

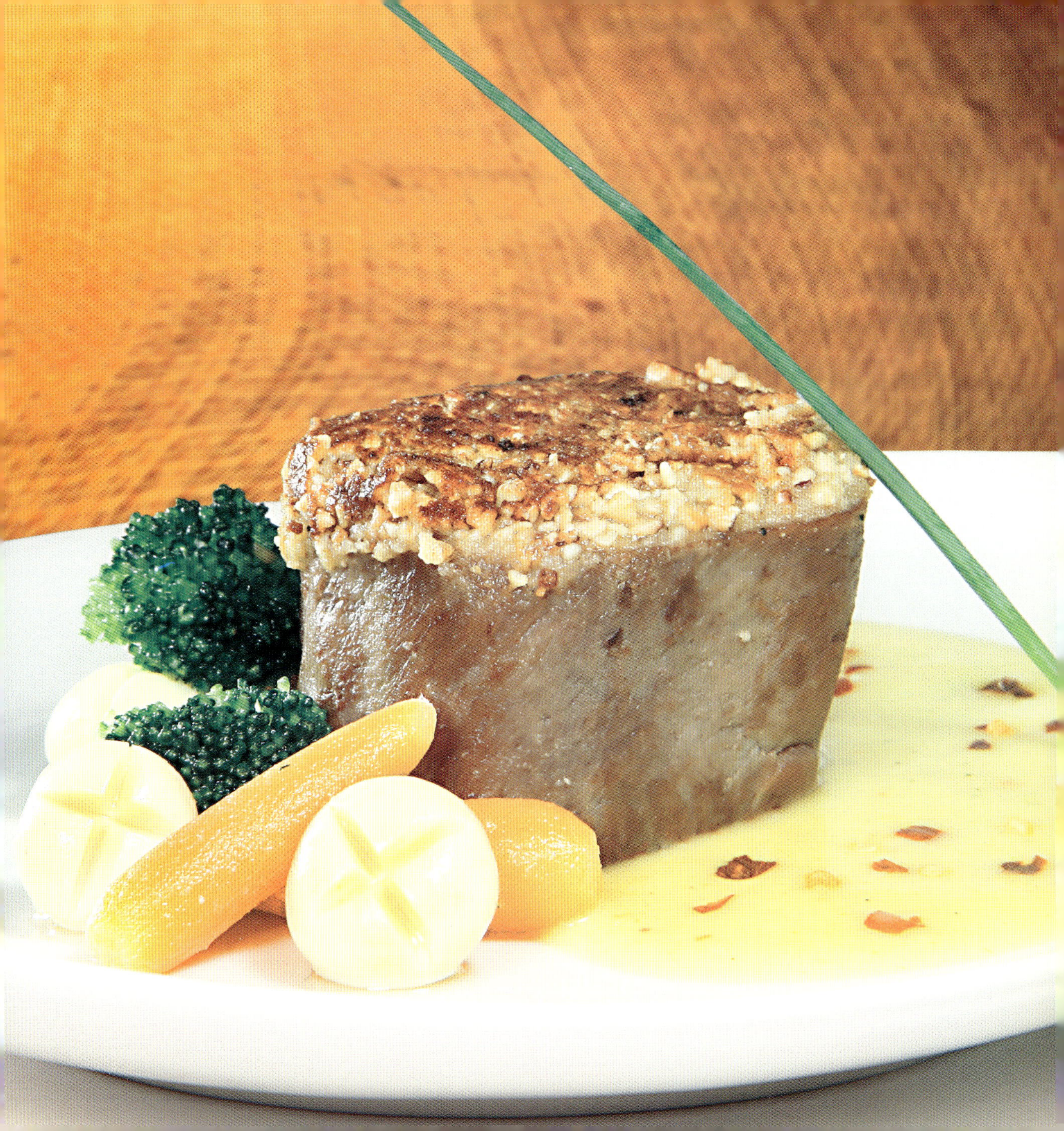

Rendimento: 4 porções | Tempo de Preparo: 20 minutos | Dificuldade: Fácil

Medalhões Flambados

Ingredientes

4 medalhões de filét mignon (450 g)

1 envelope de tempero pronto para carnes

2 colheres (chá) de sal

1 pitada de pimenta-do-reino branca

2 colheres (sopa) de manteiga sem sal

3 colheres (sopa) de conhaque

1 ramo de alecrim

1 lata de creme de leite

3 colheres (sopa) de catchup

1 colher (sopa) de mostarda

1 colher (sopa) de molho inglês

Modo de Preparo

Em um recipiente raso, coloque os medalhões e salpique o tempero pronto, uma colher (chá) de sal e a pimenta. Em uma frigideira de bordas altas, coloque a manteiga e leve ao fogo alto para derreter. Junte os medalhões e frite por 3 minutos de cada lado, ou até ficarem dourados. Coloque o conhaque em uma concha, leve à boca do fogão e deixe até acender uma chama azulada. Acrescente cuidadosamente à panela, espere a chama apagar e mexa. Adicione o alecrim, o creme de leite, o catchup, a mostarda, o molho inglês e o sal restante, misture e deixe por 3 minutos, sem deixar ferver.

Retire do fogo e sirva em seguida, acompanhado de arroz com pimentão e milho verde.

Dica: Os filéts também podem ser flambados com rum no lugar do conhaque.

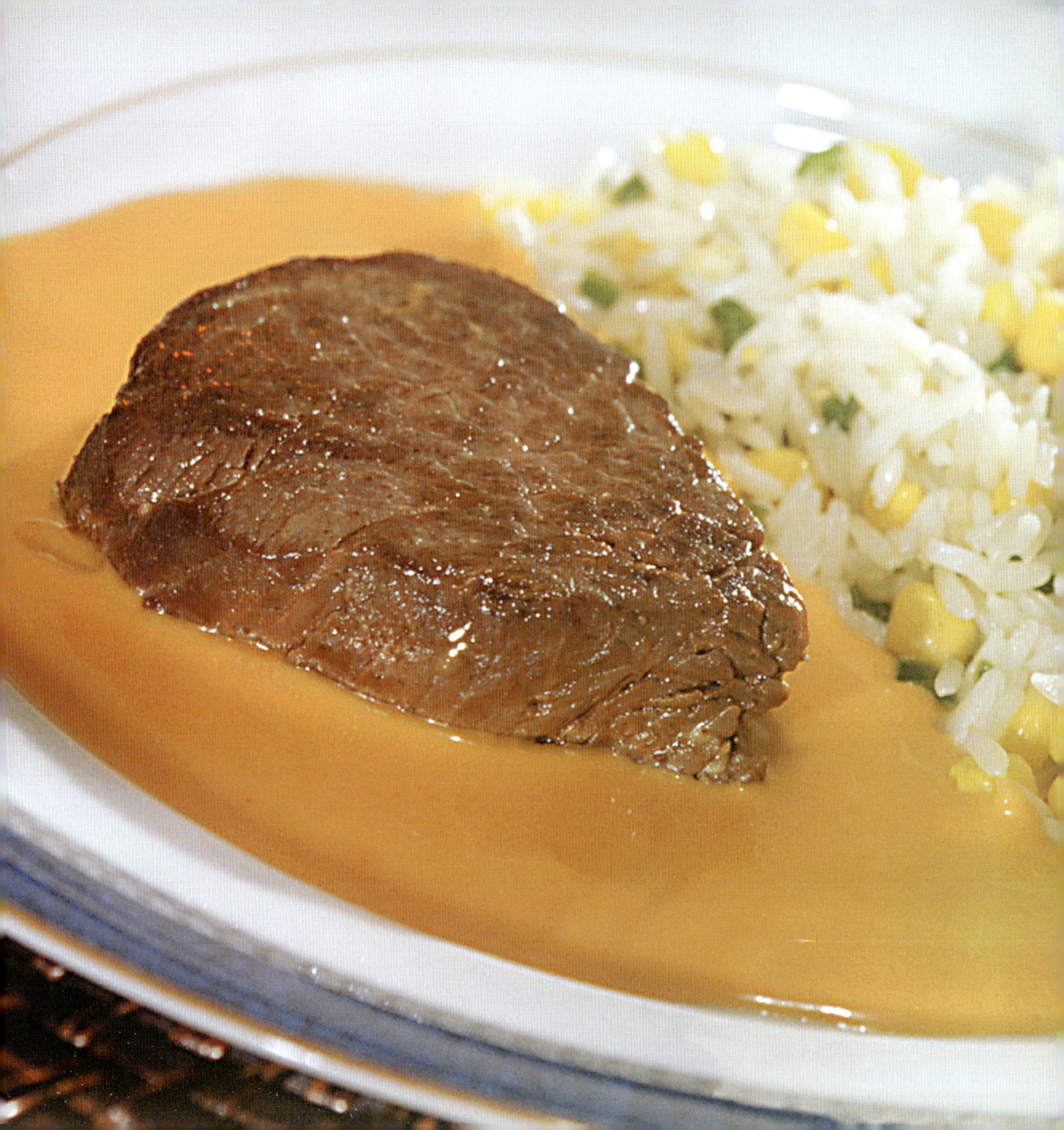

Rendimento: 10 porções | Tempo de Preparo: 40 minutos | Dificuldade: Médio

Paçoca de Carne

Ingredientes

Carne

400 g de alcatra

100 g de manteiga

250 g de farinha de mandioca

3 cebolas roxas grandes fatiadas

sal a gosto

1 colher (sopa) de geléia de pêssego

Molho

200 ml de iogurte natural cremoso

4 colheres (chá) de ervas aromáticas

sal a gosto

Modo de Preparo

Carne

Corte a alcatra em tiras, leve à frigideira com metade da manteiga e refogue. Acrescente a farinha, a cebola roxa crua e tempere com sal.

Passe no processador de alimentos, distribua em uma assadeira e corte com um cortador redondo de aproximadamente 10 cm de largura. Frite novamente na manteiga restante, retire do fogo e passe pela geléia de pêssego.

Molho

Aqueça o iogurte em fogo baixo. Tempere com as ervas aromáticas e o sal.

Dica: Se você não tiver um cortador, utilize uma faca e faça a paçoca no formato que desejar.

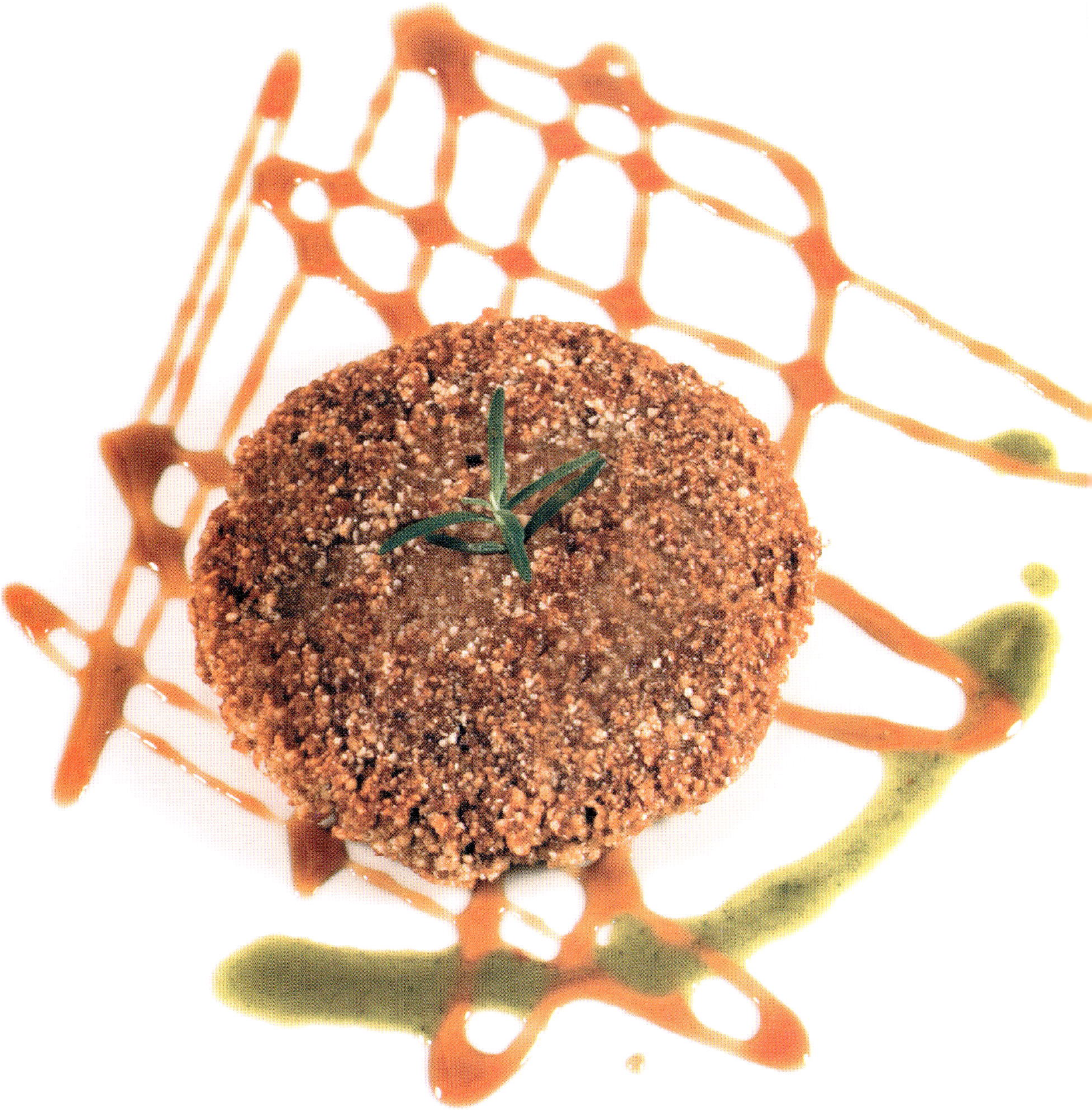

Picanha Grelhada com Molho de Maracujá

Ingredientes

Picanha
- 1 peça de picanha
- pimenta do reino e sal a gosto

Molho
- 3 colheres (sopa) de manteiga
- meia cebola ralada
- 1 colher (chá) de alecrim picado
- 1 colher (chá) de hortelã picado
- 1 colher (sopa) de farinha de trigo
- 2 xícaras (chá) de suco de maracujá pronto para beber
- sal, pimenta calabresa e noz moscada a gosto

Modo de Preparo

Picanha
Corte a picanha em bifes grossos e tempere com a pimenta e o sal. Grelhe a picanha até o ponto desejado.

Molho
Derreta a manteiga e frite a cebola, o alecrim e a hortelã. Polvilhe a farinha de trigo e adicione o suco de maracujá pronto, mexendo até ferver.

Tempere com o sal, a pimenta calabresa e a noz moscada. Deixe reduzir até engrossar ligeiramente. Sirva sobre os filés de picanha.

Dica: Coloque o bife de picanha em pé, dobre e prenda com um palito.

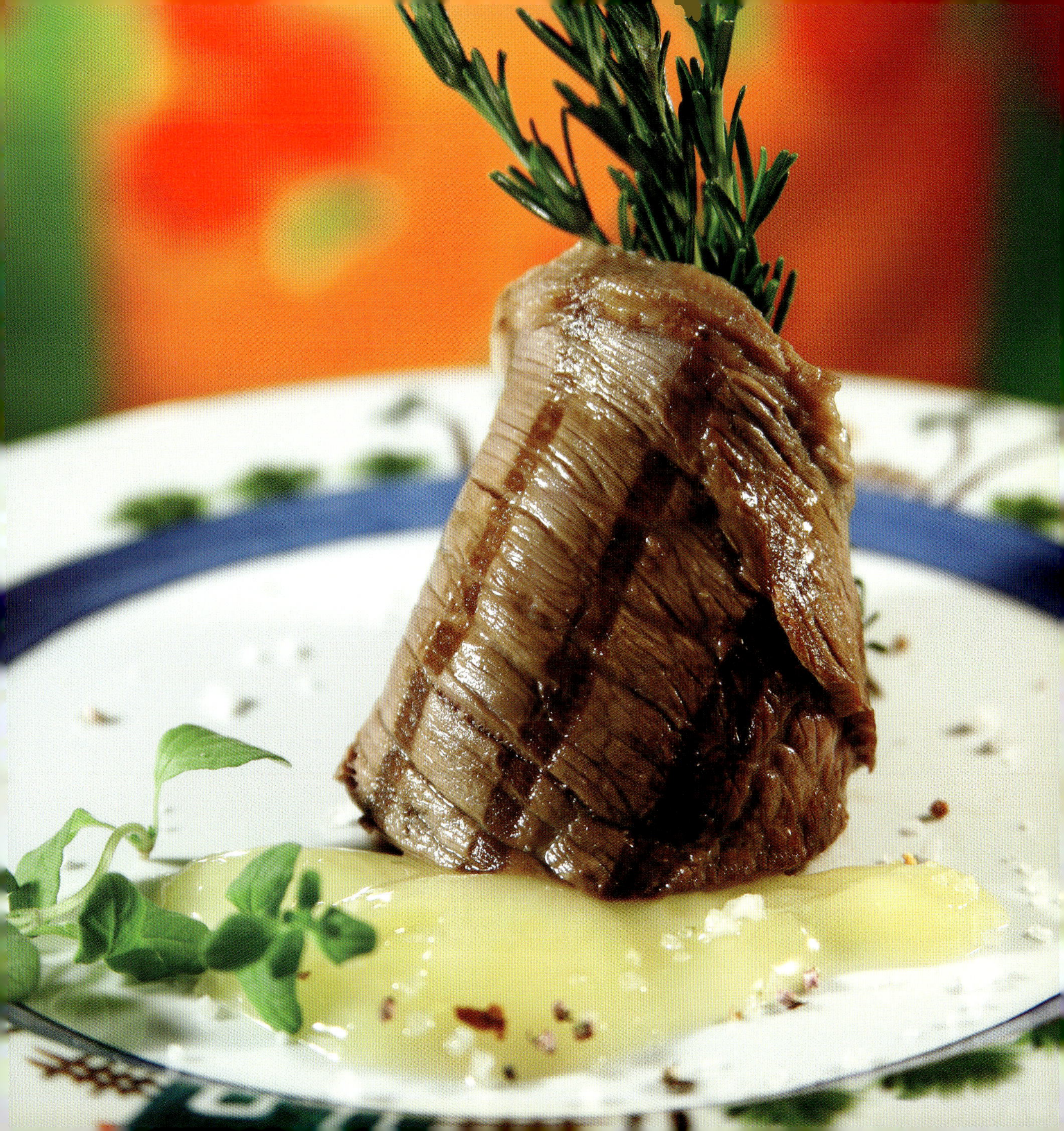

Rendimento: 4 porções | Tempo de Preparo: 1 hora e 15 minutos | Dificuldade: Médio

Rocambole de Carne

Ingredientes

- 1 pote de iogurte (250 ml)
- 1 batata pequena cozida e amassada
- 1 colher (sopa) de salsa picada
- 1/2 colher (sopa) de alecrim fresco
- 1/2 colher (chá) de sal
- 1 colher (sopa) de requeijão
- 300 g de carne moída
- 1 clara
- meia cebola pequena picada
- 1 envelope de caldo de carne em pó
- 1 colher (sopa) de farinha de rosca
- 2 colheres (sopa) de farinha de trigo
- 2 colheres (sopa) de pimentão amarelo picado
- 1 colher (sopa) de azeitonas pretas picadas
- 1/2 xícara (chá) de mussarela ralada

Modo de Preparo

Coloque o iogurte em um coador de café com filtro e deixe escorrer o soro por 2 horas.

Misture a batata, o iogurte sem o soro, a salsa, o alecrim, o sal e o requeijão. Reserve.

Em outra tigela misture a carne moída, a clara, a cebola, o caldo de carne, a farinha de rosca e a farinha de trigo.

Abra a massa de carne entre dois pedaços grandes de papel filme plástico, sobre uma superfície lisa, com um rolo de macarrão.

Retire o papel de cima e passe a pasta de batata sobre toda a massa.

Salpique o pimentão, as azeitonas e a mussarela e enrole como rocambole.

Embrulhe em papel alumínio e coloque em uma assadeira.

Leve ao forno preaquecido (290°C) por 50 minutos. Abra o embrulho e deixe dourar a superfície. Sirva em fatias.

Dica: Utilize o iogurte natural de consistência firme.

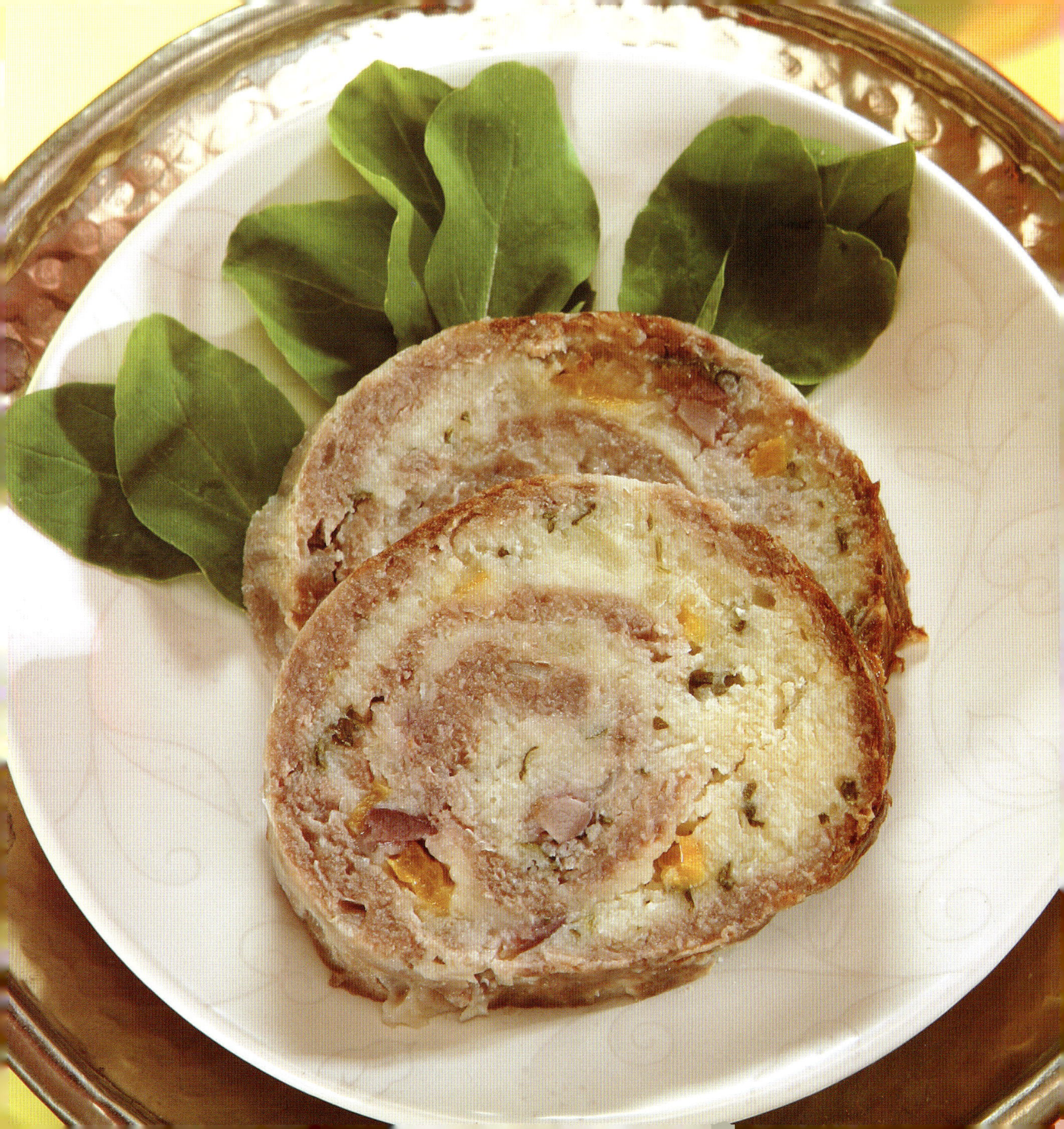

Rendimento: 4 porções | Tempo de Preparo: 30 minutos | Dificuldade: Fácil

Steak Cítrico

Ingredientes

4 steaks de picanha
1/2 colher (chá) de pimenta calabresa
1 colher (chá) de gengibre em pó
2 colheres e meia (chá) de sal
3 colheres (sopa) de azeite
1 colher (sopa) de manteiga
1/2 xícara (chá) de ervilhas frescas cozidas
2 colheres (chá) de farinha de trigo
1/2 xícara (chá) de suco de maracujá concentrado
2 colheres (sopa) de creme de leite
1 colher (chá) de louro em pó
5 cravos
1 caldo de legumes em pó
1 colher (sopa) de coentro fresco picado

Modo de Preparo

Tempere os steaks de picanha dos dois lados com a pimenta, o gengibre e duas colheres (chá) de sal.

Em uma panela aqueça o azeite e frite os steaks. Reserve.

Na mesma panela, derreta a manteiga, junte as ervilhas e o sal restante e frite por 3 minutos.

Polvilhe a farinha de trigo, acrescente o restante dos ingredientes e meia xícara (chá) de água, mexendo bem.

Sirva sobre os steaks.

Dica: O coentro pode ser substituído por salsa fresca picada.

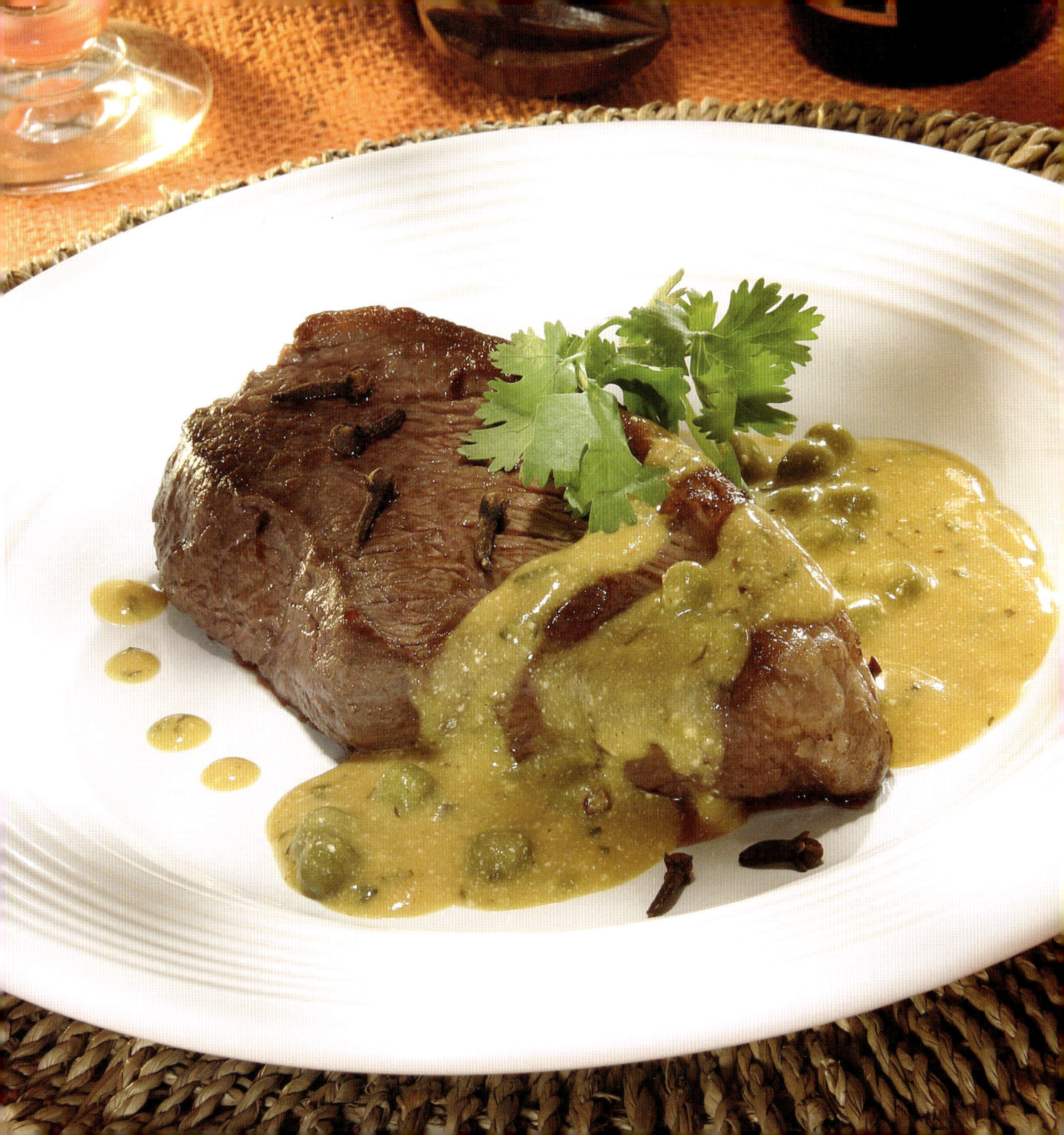

Rendimento: **4 porções** | Tempo de Preparo: **1 hora** | Dificuldade: **Fácil**

Tartar com Coalhada

Ingredientes

2 potes de iogurte (500 ml)

1/2 colher (sopa) de raspas de laranja

300 g de carne moída

meia cebola pequena bem picada

1/2 colher (sopa) de alcaparras picadas

1 tomate pequeno sem pele e sem semente picado

1 colher (sopa) de azeite

1 pitada de pimenta calabresa

1 colher e meia (chá) de sal

suco de meio limão

1/2 colher (sopa) de salsa picada

Modo de Preparo

Coloque o iogurte em um coador de café com filtro e deixe escorrer o soro por 2 horas. Reserve. Escalde as raspas de casca de laranja em meia xícara (chá) de água quente e escorra.

Em uma tigela misture a carne, a cebola, as alcaparras, o tomate, o azeite, a pimenta calabresa, uma colher (chá) de sal e as raspas de laranja.

Misture bem e arrume essa massa em quatro mini-fôrmas de pudim. Desenforme em quatro pratos e reserve. À parte, misture o iogurte sem o soro, o suco de limão, o sal restante e mexa.

Coloque a coalhada, com a ajuda de uma colher de chá, dentro de cada mini-pudim de carne e salpique a salsa. Sirva a seguir.

Dica: Substitua as alcaparras por azeitonas pretas ou verdes.

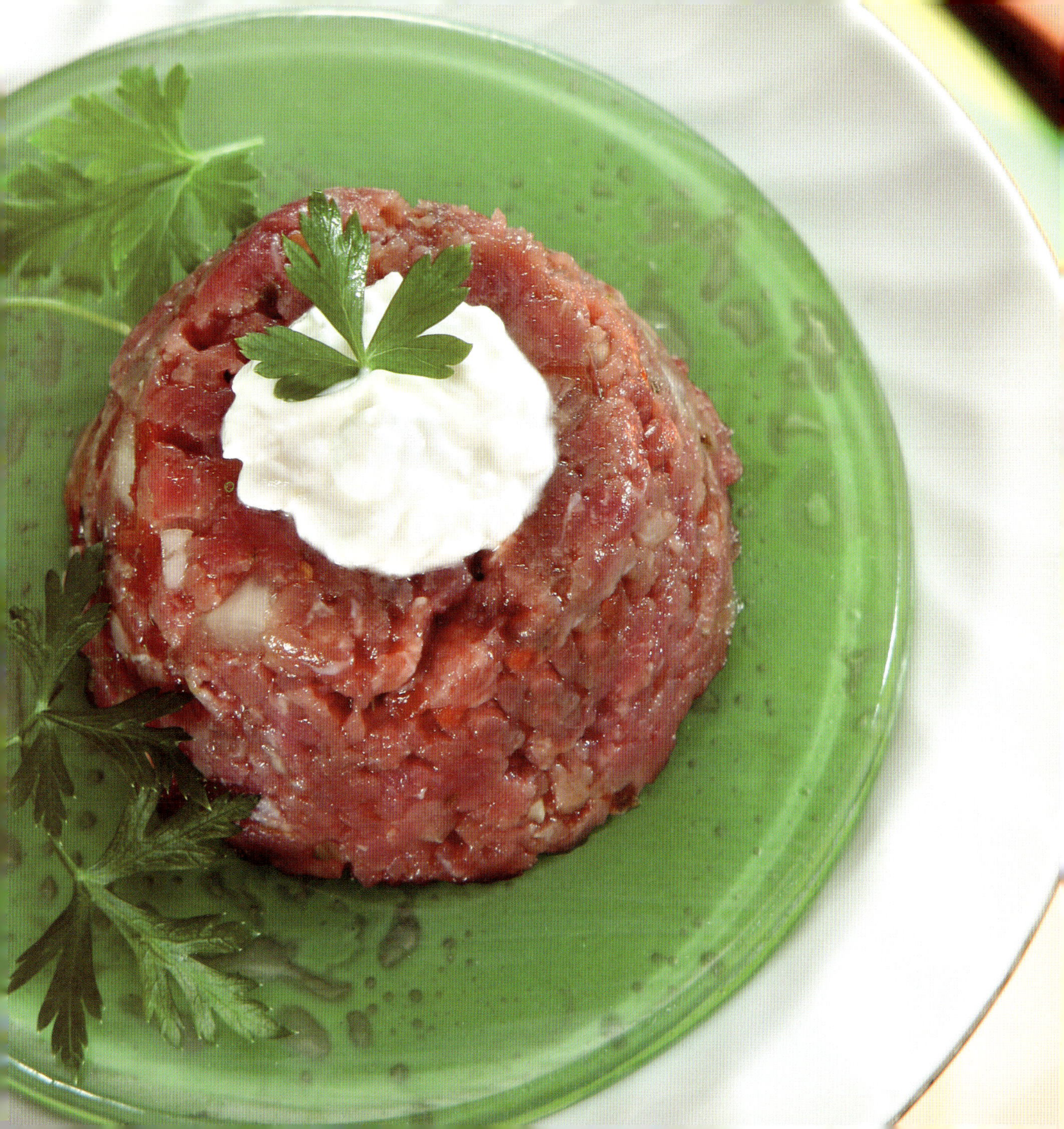

Rendimento: 5 porções | Tempo de Preparo: 40 minutos | Dificuldade: Fácil

Tiras com Gengibre

Ingredientes

2 colheres (sopa) de manteiga

1/2 cebola cortada em tiras

400 g de filét mignon cortado em tiras

2 colheres (sopa) de gengibre fresco ralado

1 colher (sopa) de tiras de casca de laranja

1 envelope de caldo de carne em pó

1 xícara (chá) de vagem cortada em pedaços grandes e cozida

1 colher (sopa) de extrato de tomate

suco de meio limão

1 colher (chá) de sal

4 colheres (sopa) de conhaque

1 colher (sopa) de salsa picada

Modo de Preparo

Em uma panela derreta a manteiga e frite a cebola.

Junte a carne e o gengibre e refogue até que esteja macia.

Junte as tiras de casca de laranja, o caldo de carne, a vagem cozida, o extrato de tomate, o suco de limão e o sal, mexendo sempre.

Adicione o conhaque e flambe.

Salpique a salsa e sirva a seguir.

Dica: O conhaque pode ser substituido por rum.

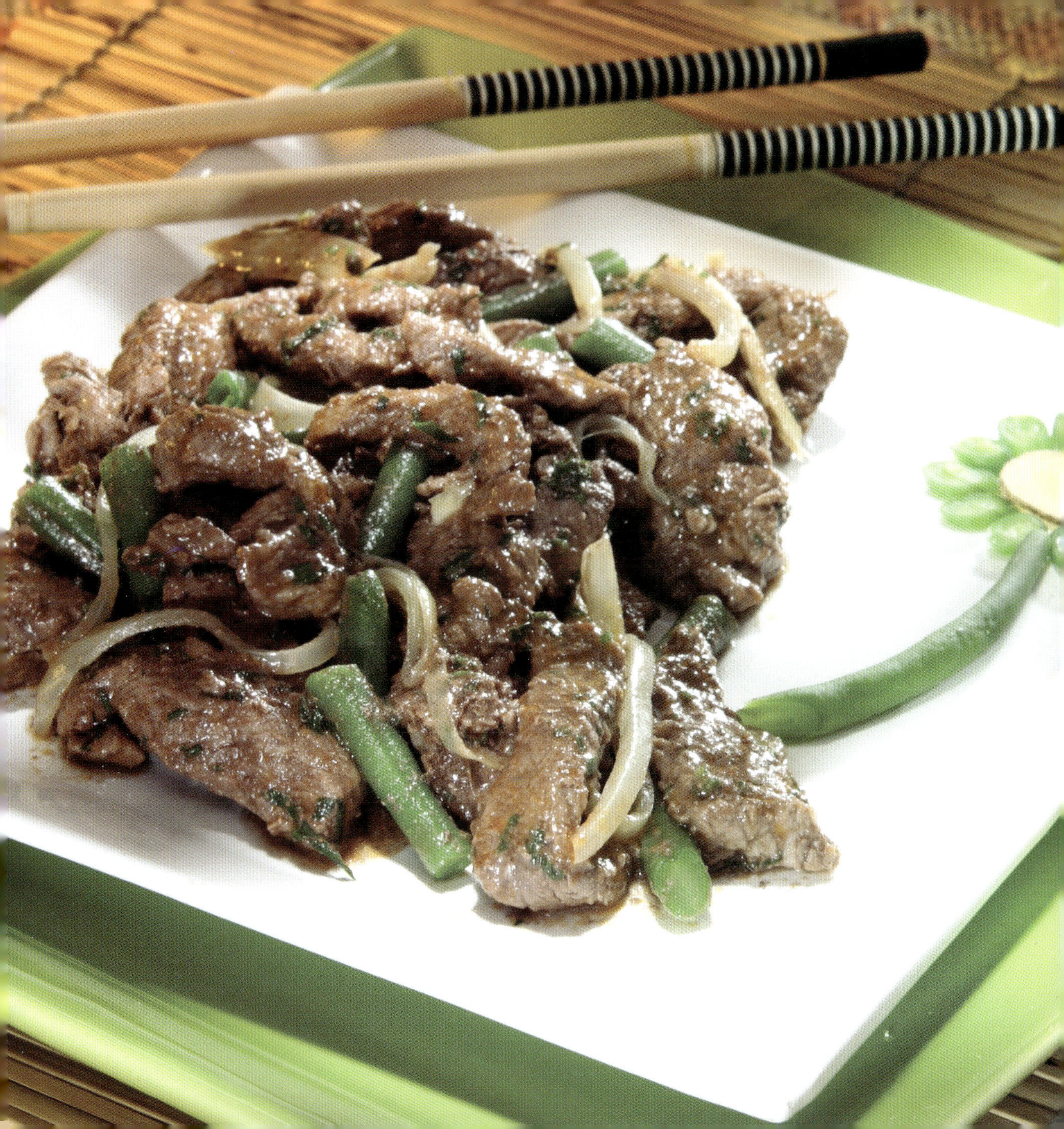

Rendimento: **4 porções** | Tempo de Preparo: **40 minutos** | Dificuldade: **Fácil**

Tirinhas de Contra Filét com Arroz Selvagem

Ingredientes

500 g de contra filét cortado em tiras

sal a gosto

2 colheres (sopa) de manteiga

500 g de batata

1 colher (sopa) de manjericão

1 xícara (chá) de leite

300 g de creme de leite

100 g de queijo parmesão ralado

1 litro de água

500 g de arroz selvagem

10 folhas de endívia para servir

Modo de Preparo

Tempere o contra filét com sal e frite na manteiga. Reserve. Cozinhe a batata e passe no espremedor. Bata no liquidificador o manjericão com o leite. Leve ao fogo a batata espremida, acrescente o leite pouco a pouco e o creme de leite; por último, o queijo parmesão. Reserve.

Ferva a água, junte o arroz e o sal. Cozinhe por 45 minutos.

Montagem

Pegue uma folha de endívia lavada e seca. Coloque dentro dela uma porção de purê de batata e por cima dele uma porção do contra filét. Em um prato raso, coloque uma porção do arroz no centro e a endívia já recheada na lateral. Sirva a seguir.

Dica: O purê de batata pode ser substituído pelo purê de cenoura da pág. 36.

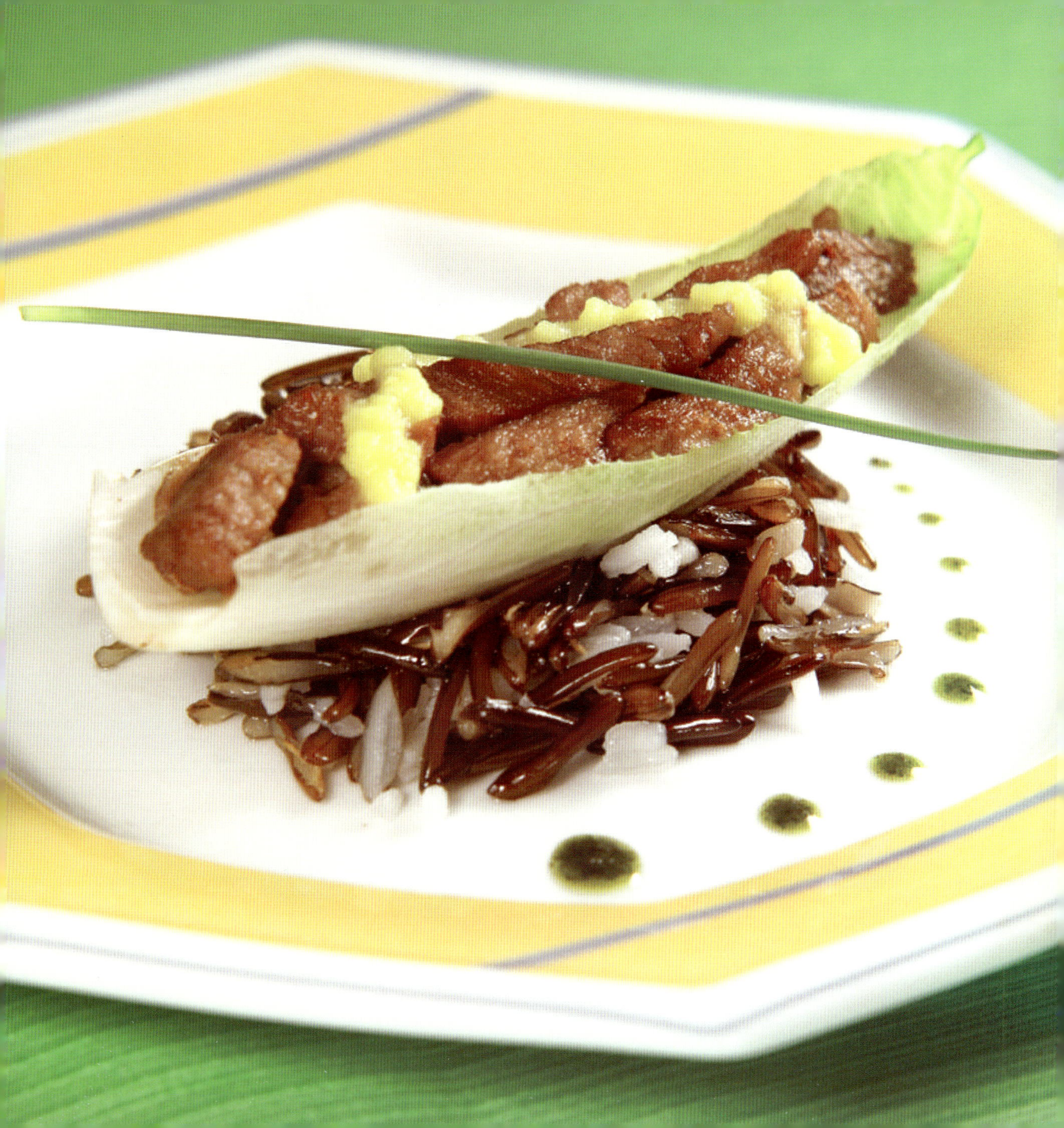

Rendimento: 8 porções | Tempo de Preparo: 30 minutos | Dificuldade: Fácil

Tournedo ao Chutney de Feno-Grego

Ingredientes

2 colheres (sopa) de açúcar mascavo

1 e meia colher (sopa) de vinagre de vinho-branco

1 colher de gengibre fresco ralado

2 folhas de louro

2 colheres (chá) de pimenta do reino verde

3 cravos da Índia

1 pau de canela

1 colher (chá) de feno-grego moído

3 xícaras (chá) de pimentão vermelho sem sementes cortado em cubos

1 colher (sopa) de azeite

8 mini-tournedos temperados com sal e pimenta do reino

Modo de Preparo

Tournedos são medalhões de carne enrolados em uma tira fina de bacon.

Misture o açúcar com o vinagre, o gengibre, o louro, pimenta do reino verde, cravo da Índia, canela e o feno-grego.

Ferva por 2 minutos. Junte o pimentão, abaixe o fogo e cozinhe sem parar de mexer por 8 minutos.

Retire do fogo e reserve.

Aqueça o azeite em frigideira, passe rapidamente os mini-tournedos, de todos os lados para selar.

Sirva acompanhado do chutney de pimentão vermelho.

Dica: O feno-grego pode ser substituído por gengibre em pó

Cortes de Carne Bovina

Coxão duro	Fibras duras, exige cozimento lento, ideal para assados de panela.
Patinho	Menos macio que a alcatra, usado para bifes à milanesa e preparo de carne moída crua.
Picanha	Parte macia, nobre, saborosa, com uma capa de gordura, corte ideal para churrascos.
Alcatra	Mais macia que o coxão mole, ideal para bifes.
Maminha	Parte mais macia da alcatra, boa para bifes.
Coxão Mole	Macio, bom para bifes e enroladinhos.
Contrafilé	Ideal para bifes, rosbifes e assados. Possui gordura lateral que mantém o sabor e a umidade da carne.
Lagarto	De cor mais clara, formato alongado e definido. É muito usado no preparo de carne de panela.
Filé mignon	É o corte mais macio da carne de boi. Embora não seja tão saboroso quanto a alcatra e o contrafilé é ideal para bifes.
Filé de Costela	Por ter fibras mais duras é utilizado principalmente para churrascos ou, então, para preparar carnes cozidas com legumes.
Capa de Filé	Com textura desigual e grande quantidade de nervos, é usada no preparo de carnes com molho que precisam de cozimento mais longo, além de ensopados e picadinhos.
Acém	É o maior e mais macio pedaço da parte dianteira do boi. Usado em ensopados, picadinhos, cozidos, bifes de panela, carnes de panela recheadas e com molho.
Braço	Também chamado de paleta. Contém o peixinho, considerado o lagarto do braço. Mais musculoso que o acém, é também muito saboroso pela quantidade de gordura interior da peça. Usado em molhos, ensopados e cozidos.
Peito	Parte da dianteira do boi, constituída de músculos e fibras duras. Pode ser enrolado com temperos e assado na panela com molho.
Pescoço	Continuação do peito, é um dos cortes mais baratos. Por ter formação semelhante à do peito, também pode ser enrolado com temperos e assados na panela com molho.
Músculo	Muito saboroso é indicado para o preparo de molhos, ensopados, carnes de panela e também sopas.
Ossobuco	É o músculo com o osso (no interior do qual se encontra o tutano), cortado em fatias de 3cm.
Aba de filé	Carne mais rija, precisa de cozimento mais longo. Própria para ensopados, picadinhos e para moer.
Fraldinha	Corte pequeno, de fibras longas e pouco macia. Indicada para caldos, molhos, cozidos e ensopados.
Ponta de agulha	Parte constituída de músculos e fibras grossas e compridas. Usada em ensopados, cozidos e sopas.
Cupim	É a corcova do boi. A carne é entremeada de gordura, por isso, costuma-se cozinhá-la em água ou leite na panela de pressão.

EDITORA BOCCATO

Editora Boccato Ltda. EPP
Rua Comendador Elias Zarzur, 1470 – Alto da Boa Vista
04736-002 – São Paulo – SP
(11) 5686-5565 – editora@boccato.com.br

Edição: André Boccato
Fotografias: Estúdio Boccato (Emiliano Boccato, André Boccato e Cristiano Lopes)
Produção: Airton G. Pacheco
Direção de Arte: Eduardo Schultz
Consultoria Nutricional: Aline Maria Terrassi Leitão.
Cozinha experimental: Aline Maria Terrassi Leitão, Isabela Espíndola e Ivanir Cardoso
Revisão: Rita Pereira de Souza
Coordenação Administrativa: Maria Aparecida C. Ramos
Assistente Geral: Cenair Streck

Editora Gaia LTDA.
(pertence ao grupo Global Editora e Distribuidora Ltda.)
Rua Pirapitingüi, 111-A - Liberdade 01508-020
São Paulo - SP - Brasil (11) 3277-7999
www.globaleditora.com.br - gaia@editoragaia.com.br

Editora Gaia - Diretor Editorial: Jefferson L. Alves
Diretor de Marketing: Richard A. Alves
Impressão: Escolas Profissionais Salesianas

Apoio: 30 ANOS GRUPO BERTIN

As fotografias deste livro são ensaios artísticos, não necessariamente reproduzindo as proporções e realidade das receitas, as quais foram criadas e testadas pelos autores, porém sua efetiva realização será sempre uma interpretação pessoal dos leitores.

Dados Internacionais de Catalogação na Publicação (CIP)
(Câmara Brasileira do Livro, SP, Brasil)

Boccato, André
  Receitas Saborosas com Carne. / André Boccato.
-- São Paulo : Gaia : Editora Boccato, 2006.

  ISBN 85-7555-119-1

  1. Carnes (Culinária) 2. Receitas
I. Título.

06-8728   CDD-641.63

Índices para catálogo sistemático:

1. Carnes : Receitas : Culinária   641.63

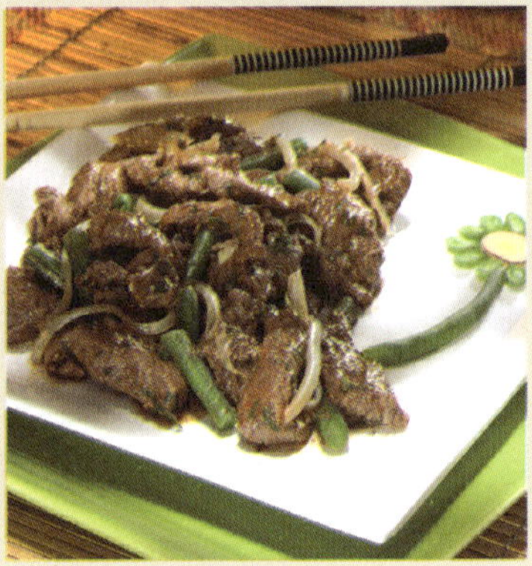
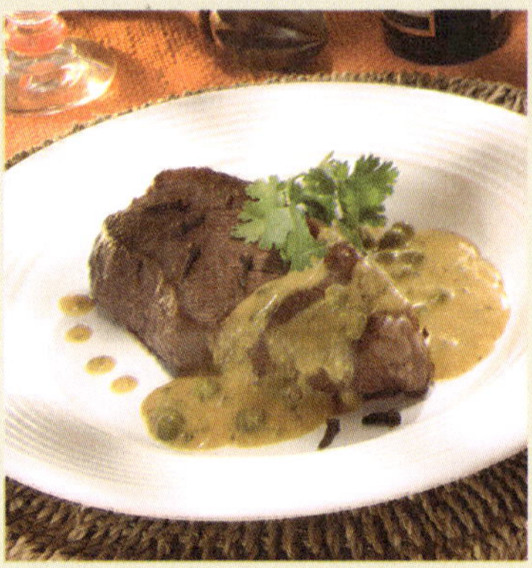
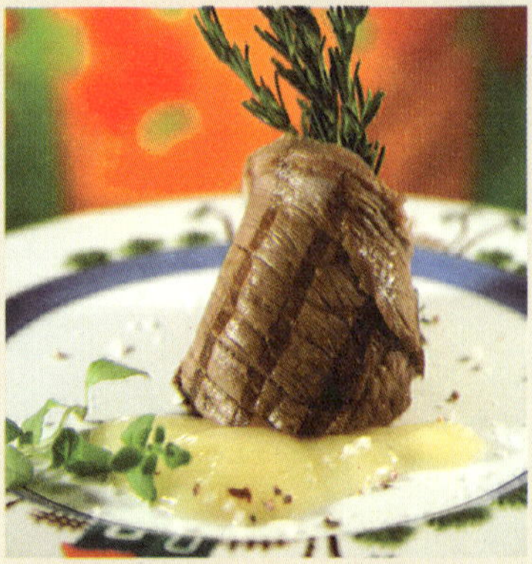
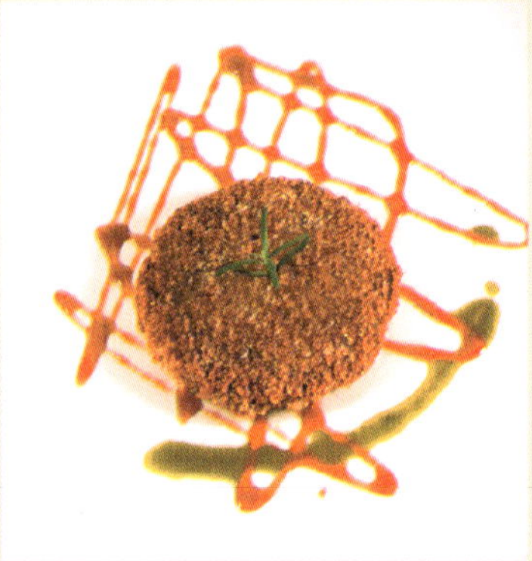
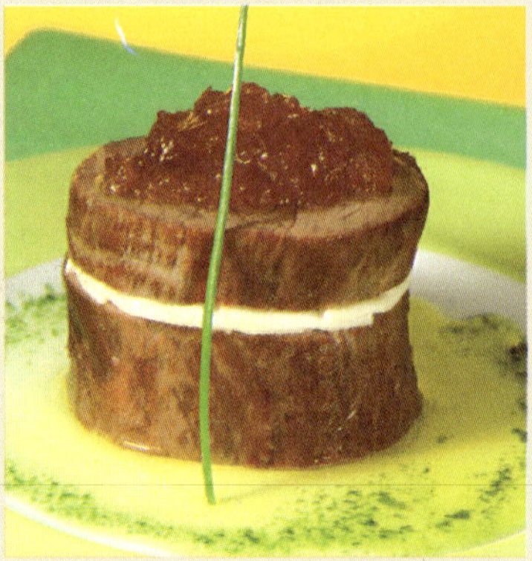
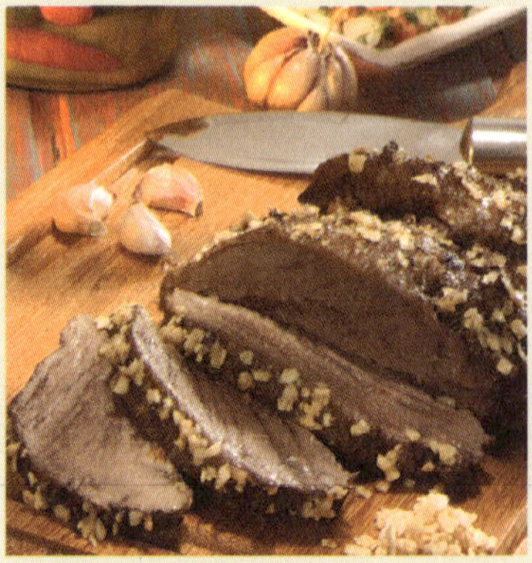
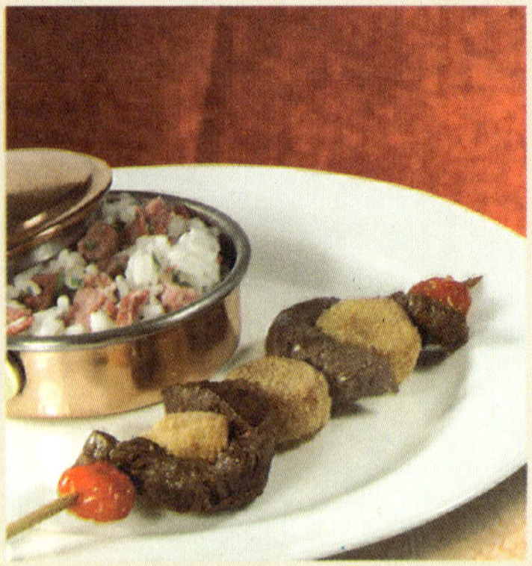
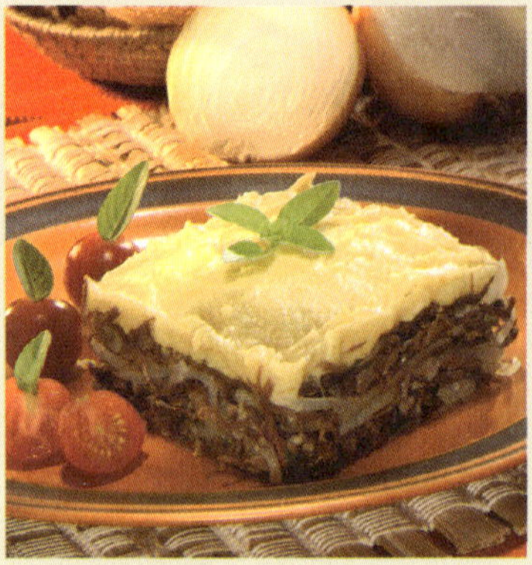
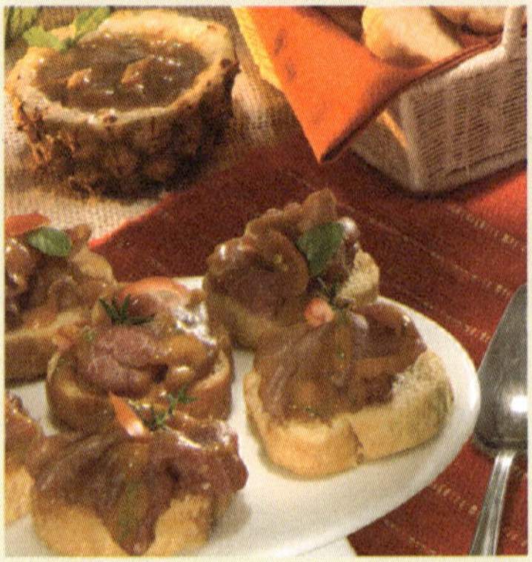